幸运的秘密

[日] 西田文郎◎著　林芳儿◎译

The Secret of Luck

陕西师范大学出版社

前言

要成为成功的人，最重要和最关键的是什么？

每当有人这样问我，我都会回答是“幸运和运气”。问的人常会对我的这个回答表示诧异，可能他们期待的是“坚强的意志力”、“不懈的努力”，或者“诚实”这类答案吧；还有人会露出一副“幸运？这个回答也太随便了吧”的表情。

凝视着我的那双眼睛里充满了疑问。尽管我已经累积了不少职业运动选手个人或团体的心理指导经验，但似乎连我过去的经验也一并受到质疑了。

“运动是个讲求实力的世界，对在这个以认真努力至上的领域工作的人来说，应该有比‘运气’更重要的东西吧？”

他们就这么充满疑惑地瞪着我。

“幸运”或“运气”，这种说法之所以被认为很随便，可能是因为它容易给人“完全不努力”的印象。很多人都认为幸运或运气，代表的是一种不认真的、懒人的想法，不是勤奋的人生态度。

在奥运会上，曾被大家寄予获得金牌的厚望、却未达成愿望的选手都会说：“失败的原因……都是因为运气不好。”显然，他（她）把整

个结果都归咎于此。

成为成功者最重要的关键因素是什么？其实这个问题就是在问："人生中什么是最重要的？"认真的人会认为，答案应该是"意志"或"努力"、"诚实"等能鼓励人充实度日的理念。

可是，人是否能成功，与"认真"毫无关联。那些距离成功之日遥遥无期、庸庸碌碌过一生的人，大都是平日认真的人；似乎越是认真的人就越会被成功遗忘，他们既无钱财，也没有有价证券、豪宅、别墅、进口车，当然也没有绯闻，只是扛着庞大的压力，以一副无趣的表情度过每一天。事实上，这种人还真不少。

由于我老是提及这样的观念，所到之处常遭人白眼。可是不管有没有遭白眼，事实毕竟是事实，有些人即使不怎么认真，却还是能达到某种成功的境界。当然，话又说回来，如果没有幸运及运气的帮助，是绝对无法成功的。

那么在我们的人生中，到底会有怎样的机遇呢？事业（工作）、财富、人际关系、两性关系、结婚、家庭、养儿育女、外貌、健康、死亡方式……从中都可区分为幸运的人与不幸的人。意即在人生所有的境遇中，机遇带来了重大的意义。

本书以事业（工作）为中心，同时也谈论到财富、爱情及教养各方面。也许最能理解本书内容、赞同本书的，就是原本已经拥有许多幸运与运气的读者，也就是没有必要阅读本书的人。另一方面，必须阅读本书的人，虽然现在尚未得到幸运之神的眷顾，而且对于准备要掌握幸运与运气的读者来说，也许觉得内容过于艰深、难以理解，之所以会有这样的感觉，是因为这些人和最能理解本书的人相反，他们并没有亲身体验过幸运或运气。

为了获取这些人的强烈赞同，我会以简单明了的方式来诠释本书。

幸运是什么？——那就是“巧合”。

运气是什么？——就是幸运的持续。

首先希望你能很巧合地看到这本书，然后认真地阅读本书，理解幸运的本质，永远记住那个让幸运持续的方法，这样的话，不管是你的工作、财富、人际关系、两性关系、婚姻、家庭、养儿育女、外貌、健康，还是最后正等着你的死亡方式，都肯定会越来越不易出错，而且幸运之极。

我敢如此断言，因为幸运是有原则的，只要遵循着幸运的大原则去生活，人生就会一路幸运，好运挡也挡不住。

相反，若遵循不断往厄运迈进的原则，就会越来越被幸运之神给遗忘，渐渐步上失败之路。往后不管是追求事业成功，还是追求财富或美好的恋情，都只能与之失之交臂，过着寂寞的生活。

接下来，我们就先来了解幸运的“第一原则”。

请先把它记在脑海里，再来阅读内文——

幸运的人，一定会珍惜自己拥有的好运！

前言

Part 1

现在的你，是否陷入大失败的窘境？

怎么努力都无法成功的大失败原则

Part 2

你的大脑是否过得不愉快？

将坏预感变成好预感的幸运大原则

Part 3

你是不是把赚钱想得很困难?

不情愿也会变成有钱人的幸运大原则

Part 4

你是不是很辛苦地工作着？

让事业有趣且成功的幸运大原则

Part 5

你能否看到重要的人的心灵？

恋爱、家庭、生儿育女都顺利的幸运大原则

Part 6

现在幸运一定降临到你的身上！

简单改造自己的幸运大原则

Part 1

现在的你，是否陷入大失败的窘境？

怎么努力都无法成功的大失败原则

讲求幸运的实力社会

假设一个人弄丢了重要的钱包，并认定是喝醉时弄丢的，因为总是在钱带得比平常多的时候弄丢钱包，所以打击也特别的大。多数人遇到这种事都会叹气不已，认为自己“很倒霉”。

可是太太的反应却不一样。即使告诉她丢钱包的事，她也不会说：“你真是倒霉啊！”因为她觉得倒霉的不是丈夫，而是自己——先生年纪都老大不小了，还喝得烂醉，甚至弄丢了钱包才回家，和这种男人结婚，自己才真是倒霉呢……

人的一生中，的确有“幸运”或“运气”这种东西。拥有幸运，不管做什么都会感觉有趣而顺利。可是一旦被幸运遗忘，你就会不断地被舍弃，陷入失败的窘境里。

以下就是大失败的例子：

☆**虽然非常努力，结果却背道而驰。**

☆**只会结识到没有幸运和运气的人。**

☆**夫妻关系或人际关系渐渐恶化。**

☆**越是努力就越糟。**

☆**积累压力，身体跟着出现疾病及异状。**

事实上，像丢钱包这样的事绝非偶然。遗失或弄丢重要的东西，正是已陷入失败大原则的印证，好运很明显并没有围绕在你身边，甚至连太太也开始想："和这种男人在一起真不幸。"

"振作点吧！同期的A先生已经升到科长了，你却还只是个小组长而已。现在可不是喝醉酒、丢钱包的时候啊……"

被妻子这么一说，男人于是忍无可忍地反驳道：

"他不过是运气好罢了，正好被上司赏识，所以升得比较快。如果要说真正的实力，我比他强太多了。"

这些话听在太太耳里，就像一时不认输的气话而已。但由此可想而知，往后关于"幸运或运气"这类对话，估计随时都会上演。

话说以前的日本式经营已有漏洞，被年资职等或终身雇用所支撑的金字塔型管理模式已走入暮年，日本的商业环境正准备进入真正的实力主义、成果主义时代。

进入讲究实力的社会，类似上面这种对话当然也会跟着增加，因为越是讲求实力，幸运或机遇就越是显得重要。

幸运与实力的真相

如果你认为“幸运或运气这种东西很迷信”、“不可能有”的话，我可以大胆揣测，你一定是在职场上不顺心的人——因为人类缺少幸运或运气，是无法获得极大成果的。

和世上一般人的认知观念相反，幸运和实力二者一点都不矛盾。尽管有所谓的“实力主义”或“能力主义”，但“实力”究竟指的是什么？是脑筋转得很快、有巧妙的沟通能力、出色的创意想法，还是会说一口流利的外语、擅长电脑呢？

它们是一种能力。可是，拥有这些能力、却一辈子仍然无法成功的还是大有人在，而且，我们大都属于这种类型。也就是说，不是因为无能而无法成功，“实力”的真面目和那些个别的能力，完全是两回事。

简单来说，所谓的“实力”，便是幸运与运气的累积。所谓的“成果主义”，便是针对幸运与运气累积的评价。

此时，也许你心里会冒出“幸运也是实力之一”这样的疑问，但那是个大错误！因为幸运并非实力之一，幸运是真正的实力。它能激发出某个人潜藏的才能或能力，并使之开花结果，有的时候除了幸运之外，别无他法。

在比其他行业更讲求实力的体育界，我进行了将近二十年的心理训练，发现了不少以职棒或J联盟（日本专业足球联盟）为首的一流选手、运动员，并从中得出结论——幸运所代表的就是实力！

$\frac{1}{100}$的幸运人

如果走在夜路上捡到钱包，一般人都会觉得自己“真是幸运”呀。但那充其量只能算是小小的幸运。走在夜路上，只能捡到钱包的话，应该说是很倒霉才对。

只能捡到钱包，是很倒霉的人。

“经营之神”松下幸之助，年轻时走在夜晚的路上，从邻近房子的窗户传来激烈的争吵声——想要烫衣服的女子声音与要听收音机的男子声音，正吵得不可开交。当时松下幸之助脑海里一闪而过的便是“双孔插头”的想法。不久之后，那晚的遭遇就成为创造出“世界松下”的契机。

幸运的人，一样是走在夜路上，却能捡到那么庞大的东西。

足见幸运就是实力。

现在，我们来检视一下你是否拥有这种幸运吧。

如果以下五个问题，你都回答“YES”的话，绝对是拥有幸运的。

☆认为“以往的人生都很幸运”。

☆觉得现在“自己是很幸运的人”。

☆自己周遭有“幸运的人”。

☆认为自己“能带给员工或部属幸运”。

☆自己正和“幸运的人”交往。

你可以全部都回答“YES”吗？如果是的话，可以把所有朋友都聚集起来，举办一场盛大的Party了，以庆祝在只占人口1%的“成功者”当中，你已经是其中一分子了。而且这1%的人，他们的成功都是自己找上门的；就算觉得不想要成功、已经厌倦成功，到头来也还是会成功。所以，办Party的费用根本就是个小Case。

也许有人会这样想：“自从泡沫经济之后，日本的经济就一蹶不振。整个日本都在硬撑、苦战。那时，不抱‘幸运’的想法也是理所当然的啊。”

其实，这是无法拥有幸运的人的典型想法。凡事顺心时会认为自己幸运，那是一定的。就连动物园里的猴子在抓到游客丢来的香蕉时，肯定也会想：“真幸运！”一旦被猴王给硬抢过去之后，就会丧气地想：“唉，真倒霉！”

99%的人一碰上事情，就会立刻从负面角度思考，认为自己“真不幸”、“倒霉透了”。只有1%的成功者，在任何时候都会觉得幸运，不管身处如何怀才不遇、辛苦的时代，他们都有强烈认为“自己是幸运的人”这种非常不可思议的能力。在泡沫经济之后，他们会想：“嗯，真幸运。”若经济跌到谷底，他们还是会认为：“嗯，真Lucky！”并觉得这正是自己的机会，不管面临怎样的状况，他们都能让自己振奋起来。

即使香蕉被猴王给抢走，仍会认为：“自己真是幸运啊！要记住这种极度的不甘心。这种屈辱感，有一天会成为自己的珍宝。”拥有这种想法的猴子，终有一天会夺走猴王的宝座。

也就是说，问题出在当下这个瞬间。不认为现在很幸运的人，以后也绝不可能觉得自己是幸运的。我可以明确断定，即使他越来越不幸、或者被幸运之神给遗弃，这一生当中，幸运或运气也不可能会降临到他身上的。

若觉得现在不幸，一辈子都会与幸运擦身而过。

这么说也许很残酷，但这就是现实。大多数人都生存在这个严苛的现实里，所以才需要重新蜕变为幸运的人。

努力未必会有回报

这世上还有很多人正努力地生活着。日本处于消费社会的顶端，但要说被遗弃了，还嫌早。在经济不景气的波澜当中，许多人依旧持续认真地努力着。

不过，这种人的价值与社会价值不一定会保持一致。即使付出比别人多一倍的努力，也不一定会成功。和因为努力而获得成功的人相比，不管怎么努力却没有得到回报的人其实更多。只有无法成功的人，才会拼死拼活地努力。

例如，赤字公司的老板与赚钱公司的老板，哪一个正在拼命努力呢？很明显会是前者，他们正一筹莫展地努力拼命着。我们再以人气高的艺人与人气低的艺人为例，一般来说，人气低的艺人也总是需要付出更多的努力。

我之所以了解这一状况，是因为看到职棒候补或 J 联盟的休息室里，那些已经没有退路的选手们都在拼命地努力，但不管再怎么努力，一样还是没有起色。

这时，我得到的结论是——

☆ **不幸的人，再怎么努力也不会开花结果。**

☆ **不幸的人即使努力，也备尝艰辛而痛苦。**

☆ **不幸的人，有一天会对努力感到疲倦。**

☆ **不幸的人，不久将被不幸的人生所折服。**

☆缺乏运气的人，不幸就会变成理所当然。

☆缺乏运气的人，只会在不幸的框框里思考事物。

☆缺乏运气的人，会将不幸美化，变得越来越不幸。

不幸与缺乏运气就是这么一回事。别说是梦想了，这些人在不久之后，就连心愿都渐渐不再拥有。

但是认为努力是愚蠢的、没必要的，这样的说法不是很公道。“努力”是尊贵的；可是“努力一定会得到回报”，就完全是一桩谎言。虽然不一定会得到回报，但为了自己的尊严，还是要努力下去。若想成为被尊敬的人，那也无可厚非。可是，我们的目标是达成梦想，以及自我实现。

幸运不能只靠自己

会认为“自己是这么努力”的人，那绝对是不幸的人。因为在我们脑海里被输入的先入为主的观念之一，就是对“努力是辛苦”的误解。所以，像“我很努力”这类想法，就好像在说自己非常辛苦。

当努力不可能得到回报、或是讨厌努力的时候，“负面思考”就产生了。

想要“努力”的时候，就无法成功。

因此，希望大家也要注意“努力吧”或“加油吧”这类鼓励的话，它们经常隐藏了“因为不努力，你就完蛋了”、“再这样下去，你一定会失败”这种可怕的负面思考。

抑郁症就是这种典型。据说低迷的市场会让抑郁症患者人数大幅增加，但这个疾病实际上即是所谓职业倦怠（Burn-out syndrome）的一种，越是喜欢努力的人，就越容易陷入其中。对于抑郁症患者，“加油”或“坚强点”等鼓励的话语是绝对应该被禁止的，因为潜藏在这些话语中的负面思考，会让患者陷入困境，更加走投无路。

关于幸运或运气，它们具有以下原则：

只仰赖自己能力的人，就会错过幸运或运气。

不管是怎样的梦想或愿望，都绝对无法只靠自己的力量去实现。

所谓成功，我们都认为是个人目标的达成，但这是一个很大的误解。我们心知肚明个人能力可以完成的事情有哪些，独自一人无法成立公司；没有顾客的话，也没办法卖东西；靠自己一个人，也无法创造下一代。想要独自闯出名堂的人，孤军奋战、拼命努力的结果，就会陷入抑郁症之类的困境当中。孤立的人通常更容易患上常见的心理疾病。

仅仅靠自己的努力，是无法掌握幸运或运气的，有时候你还必须仰赖他人。只想凭借自己的力量，就会错过掌握幸运或运气的时机。

模仿成功者是通往成功的捷径

我们可以从前面的内容认识到，人不管再怎么努力，仅仅只靠自己的力量是无法成功的。若要成功，就需要自己以外的力量来协助，而那就是幸运、运气。

拥有机遇的意思就是——

☆**不管做什么，都会有趣而顺利。**

☆**会和幸运或有运气的人心有灵犀。**

☆**夫妻关系或人际关系会不可思议地顺利。**

☆**不用努力，好运也会自己找上门。**

☆**总是觉得很兴奋，好的点子不断闪过脑海。**

怎样才能将尽是好事的幸运转换为自己的东西，便是接下来的主题了。

在我们的潜能开发研究所里，各种职业及立场的人都会来造访，包括职业运动选手或业务员、经营者，或者业余体育运动的指导者等。一般而言，状况非常好的人很少会特地来咨询。人们来到这里敲开研究室的门，这大都说明他（她）的状况并不好。

例如，活跃于“柏雷素尔（Kashiwa Reysol，球队名）”的前锋北嶋秀朗第一次来咨询，是在二军（球队）生活进入第三年时。他从高中时起就非常引人注目，也是大张旗鼓地进入柏雷素尔的，但却始终无法有一鸣惊人的表现。不幸的人会散发出不幸的“气”，当时的北嶋就完完全全透露出一股不幸的“气”，即使他182公分的体型，也给人弱小无力的感觉。

可是，经过数小时的咨询，走出房间的北嶋竟和先前判若两人。不幸的“气”转换为幸运的“气”，整个人变得雄纠纠气昂昂起来。

这听起来也许很夸张。但不可否认的是，他在三个月后便受到教练的注意，进入理想中顶尖队伍的幸运随即降临在他身上，之后轻易完成五场比赛的丰功伟绩；隔年则晋升为正式选手。原本三年来在二军愁闷度日的人，后来被选为亚洲杯上的日本队代表，甚至还一跃成为J联盟的得分王。

我到底使用何种魔法改变了北嶋呢？

幸运的基本条件有两个：

☆**了解自己**

☆**模仿成功者**

还没有成功，这表示自己出了某些问题。一个拼命努力的人为何无法成功，那是因为没有察觉到自己的问题，或是不想去察觉。所谓的“努力”，从其他角度来看，就是执著于自己的方法。也就是说，有很多人以不管怎么努力都不会成功的方法拼命努力着。

因此，潜能的开发，首先就是要了解自己，从察觉、认识自己开始。为了了解自己的问题所在，在我们的研究室中，会使用心理测验或性格分析、动力测验、PAC检查（沉睡的能力检查）等方法。当自己的问题点被发现之后，人就会一口气做出许多惊人的改变，那是因为不会被眼前的现象（结果）影响，确实地看准本质（原因）的关系。

第二点则是模仿成功者。前面提到我为北嶋做的指导，其实也没有什么绝对的特别之处。虽然有各式各样被具体且制度化的方法，但简单来说，就是致力于“模仿成功者”！

如果你一味地用自己的方式来打高尔夫球的话，是不会进步的。学习高尔夫球最快的捷径，就是跟着高尔夫球的技术指导员，扎实地练习基本步骤直至精通。掌握幸运或机遇，也和这很相似，与其靠自己的方式闷着头努力，不如直接去模仿搭上幸运快车、将好运气当作基石而活跃的人们的做法。这么做真的很简单，只要没有弄错模仿的对象，成功就会自动找上门。

但为什么大家都没有察觉到这么简单的方法呢？因为大家都拼命努力，想要靠自己的力量做出一些什么。只可惜越努力，越无法摆脱以往的方法。

成功者具备四项共通点

潜能开发的大原则，就是“模仿成功者”！因此，必须要了解成功者的思考或感受习惯、行动模式等。

是否必须买很多书来研究成功者的思想或行动呢？没有那个必要，我已经整理好所有成功者的共通特征了。

行走在自我实现人生道路上的人，和无法办到的人，他们的不同点在哪里？大多数的人都会认为，成功者具有较好的素质，具备能力、聪明才智和财富。但很明显这是错误的想法。即使没有较好的素质、能力，即使不聪明、贫穷……即使什么都没做也能获得成功，那才是成功者。

成功的人与类型无关，但他们都具有以下四个共通点：

☆拥有“遥不可及的梦想”

☆长久持续着“强烈的热诚”

☆是“彻底正面思考”的人

☆会吸引“幸运的人”

拥有遥不可及的梦想的成功者

如果没有梦想，当然无法去实现它。也许大家会认为这没什么特别的，但其实这就是成功的关键。

之所以说它就是关键所在，是因为没有梦想的人其实非常多。坦白说，我猜想本书的七八成读者，应该都是没有去实现梦想的类型。因为想要试着阅读这种难以理解的书的人，大都拥有优秀的头脑。

越聪明的人，想要成功越困难。

这不是讽刺，也不是开玩笑。以爱迪生为首，真正的成功者有不少是天生的，但能顺利适应学校教育的框框，能拿到好成绩那种优秀的头脑，很少会去思考“要成功”或是“实现遥不可及的梦想”。他们并没有“想在奥运会上拿到金牌”或“成为职棒大明星”这种愚蠢的期望，从概率的角度来思考，这几乎是不可能的。

可是，也有些头脑不好的人不顾这种道理或数据、理论分析，还是相信梦想能实现——有人跑了42.195公里的马拉松赛，在一片欢声雷动中，先跑到悉尼陆上竞技场；或是有人超越球场上其他的击球手，连续七年都得到最优秀击球手的头衔，不仅实现了“职棒明星”这个少年时代的梦想，而且不负众望，在棒球发源地的美国职棒联盟里有很好的发展，诸如此类，就是有这种想法非常不合乎常理的人存在。

所谓“成功者”，就是会忽略可能性，把每个人都认为“不可能办得到”的事，认为是可以“办得到”的错觉型人类。

另一方面，99%具备常识的人，并不会有错觉；不，是没办法有。因为聪明，所以参照大脑里储存的大量过往资料库，当梦想越伟大，就越明白它不可能实现。

在我的资料库中，也储存着无数已破灭的错觉——

“在班上成绩最好”（虽然很努力，却只拿到被学业优异的哥哥当傻瓜的分数而已）；“想和仰慕的S约会”（不用说约会了，连跟她讲话都办不到）；“考上××大学了！”（我有多羡慕正在念我没考上的那所大学的哥哥啊）；“世界上并没有这么温柔的女性”（关于这点，还是三缄其口比较聪明吧）。

即使不提最后的错觉，但在资料库中出现的，尽是些令人沮丧的事。和过去的资料对照看看，就可以下一个结论：自己的梦想是不可能实现的。

在具备常识者的思考中，无意识时，那种想法会蠢蠢欲动。而可怕的是——那是无意识地在运作。即使想拥有梦想、以正面思考来思索未来，它还是会继续运作。就算拥有梦想，也无法真心相信，而且也没办法认真许下愿望。

所以才会有99%的凡人比例——

☆没有愿望，就没有努力的意义。

☆没有愿望，就会变成无法忍耐的人。

☆没有愿望，就会变成没耐性的人。

☆没有愿望，就会变成不喜欢行动的人。

☆没有愿望，就会变成觉得工作无趣的人。

有强烈热诚的成功者

成功者的第二个共通点，就是“热诚”。可是若只是热诚，

99%的凡人也能拥有。任何人都有朝着某个目标去热烈投入的记忆和经历，只不过它已无法在记忆中找到，因为已经冷却的部分，就有99%了。

被称为“成功者”的人，永远都会保持着那种强烈的热诚，而且一定会具备能够激烈燃烧的、令人讶异的持续力。在职棒或J联盟中，一流选手的特征，就是像火一般激烈燃烧的那股热诚。同样，在任何领域中，包括商业、政治、艺术、学术研究、演艺、技能、考试等，只有持续保有热诚的人才能侥幸生存下来。

但是这恰是一般人无法做到的，即使能维持，也顶多就三个月。就像有“五月病”（译注：原是指在日本的连假过后，大学生再回到学校上课却身心俱疲的病症，但现在不只是五月份，大学生也常出现这种状态。其症状包括忧郁、不安、焦躁等等。）一样，燃起希望、蓄势待发而进入学校或公司，过不了一个月，已经完全丧失热诚了。只要在充满热诚的状态下，持续那种兴奋期待感就能够成功，但几乎没有人能维持三个月。

因为凡人都具备了优越的适应能力。

我受到准备出赛甲子园的棒球社团委托，前往进行心理训练的指导，结果发现越弱的队伍，越能充分发挥出适应能力来。他们已经完全顺应了“不可能在县大会中挤进前四名”或“我们不会出现好选手”的现实。要让他们在这里产生意识改革，就是我的工作。

当被邀请去做企业的干部训练时，情况也一样。他们都会很自然地去适应及顺应经济的恶劣、业界的不振、社会的状态等。

越没热诚的人，越具有适应能力。

为什么只有1%的人能成为成功者呢？当人类想要实现某些梦想时，绝对不会有能力不足这种状况出现。

适应能力强的人，每次遇到逆境或自己能力不足时，都能坦然地妥协——“因为环境如此，没办法……”或是“自己反正是这个程度嘛……”可是，适应力明显拙劣的成功者，不管在怎样的状况中，都无法向眼前的逆境或能力不足的自己妥协。相反地，他们拥有实现梦想或愿望的强烈热诚，不久便改变环境及自己了。

彻底拥有正面思考的成功者

很多人都说正面思考很重要。

贸易公司的B先生，正准备向客户提出新的企划案。他以“因为是我想的企划，绝对会大大畅销”的正面思考去进行简报。这个正面思考，应该会提高对于准备贩卖的“商品”的信赖度。和以“也许会失败”的负面思考去面对时，应该有很大的不同。

可是在这个阶段，还不是真正的正面思考。当那个企划案被认为一文不值、而且被原封不动退回来的时候，才是正面思考的时候。

在离开公司大楼时，许多人会因感到屈辱和懊悔而无可奈何、泪流满面。99%的人都会想：“自己的想法没得到大家的理解”、“不想再见到那个负责人的脸了”。可是，那位B先生却因为“被大家理解”的喜悦不断渗入心头而感动落泪！

“我很不甘心。可是他们会说到那样的地步，表示他们对我有很大的期待。他们退回我的企划案，我只能把它当作是一种关爱的表现。下次一定要想出更了不起的企划来回应那个人的关爱……不，是期待。”

能抱持这种“错觉”的，只有1%的人。而事实上，他在一个月后提出了让负责人另眼相看的企划，漂亮地反击成功。

不管状况多好或多坏，即使身处在最坏、最差的境地，还是会认为“自己很幸运”的人，才能对任何事都进行正面思考——姑且不论那是错觉还是误解。

99%的人可能会认为“那样只不过是傻瓜呀”，但在任何领域能站稳脚跟的人，绝对都是那群人。会成为大明星的女演员，在被前辈欺负时，都能满不在乎地想：“我要让大家来嫉妒我的美丽和才华。”

所以大家都会说：“正面思考很重要”、“要拥有正面思考”。有不少人都会相信，进而努力去做正面思考。

当然，我并没有要在那个努力上浇冷水的意思——

越是不幸的人，越努力去“做正面思考”、“必须做正面思考”。

我想大家都已经能理解，正面思考并非想要就能做到的。若光是想就能做到，天底下不就到处都是成功的人了？

正面思考之所以很困难，原因在于我们的思考只是思考，还没有独立。思考是跟着情绪在运作的。情绪若是负面的，便无法只将思考转换成正面；不可能情绪明明是“不愿意”，大脑却觉得“真幸运！”“机会来了！”

在“努力吧”、“加油吧”这些话当中，我们会慢慢发现它们潜藏着负面思考。在“要拥有正面思考”的想法中，其实也隐藏着负面思考。负面思考越强烈的人，就越会努力去做正面思考。

那么，要怎么做才能自然地呈现正面思考呢？提倡“只要有正面思考就能成功”、“可以得到幸福”的人，对于这点也不多做评论。我想这并不是要故意为难读者，而是大概他们也不清楚吧。

因此，我们除了模仿1%的成功者，也应该寻找能简单拥有正面思考的方法。

被幸运人所围绕的成功者

在本章一开头，我已经请大家回答和检视幸运度的问题了。大家还记得在问题中，曾出现“周遭是否有幸运的人”、“是否有和幸运的人交往”这种假设吧，这是非常重要的关键。

在成功的人身边，总会有幸运的人聚集。前面提到梦想是无法靠独自一人的力量来实现的，而所谓成功，就是那些聚集在一起的人幸运与运气的累积。那种幸运团体会改变世界、牵动着世界。看看以HONDA或SONY为首的国际性企业的创业期，就能发现幸运的人聚集所衍生出来的像被热情所激发、几乎无法控制的不可思议的力量。

我有五个朋友合伙投资风险性企业，五年后，每个人的月收入突破了1000万日元，那里也有着不可思议的力量。他们在第一年及第二年时，甚至还有发不出薪水的低潮期。

但即使身陷低潮期，他们仍持续保有“我们有幸运之神眷顾”、“可以成功”的错觉，据说是以“有一天实现自己的梦想时，可以将它当作成功经验的插曲”，让当时贫困的日子表现出趣味性来彼此勉励的。

幸运是被幸运所支撑，运气则是被运气所支撑的；一个人一定无法忍耐。

可是话说回来，在不幸的人身边，绝对会有不幸的人靠拢过来，这真的很不可思议。

就像我的父亲，他是一个认真且勤劳作画、非常努力的人，极度厌恶幸运或运气这种莫名其妙的东西。虽然他已在六十九岁时撒手人寰，但他的一生都在孜孜不倦地努力着。

他是一个正义感很强、喜欢帮助弱者、绝对不会被体制牵绊的人。可能是物以类聚，围绕在父亲身边的，也都是一些不幸的人。他们在一起不是聊梦想或梦想实现的愿望，而是彼此警惕：“世界很糟、社会很糟……”然后一边喝酒一边高声谈论着否定的话。

当然，不是每个人一开始就被幸运或运气给遗忘的。绝对也有人把希望寄托在将来。可是在和不幸的人交往、和不幸的人聊天的过程中，那些人也会慢慢变成不幸的人。

不幸与厄运都会传染。

所以，对于交往的对象都必须非常留意。和不幸的人在一起，幸运或运气也会消失不见。不知不觉中，自己也会产生不幸的想法或感受方式，渐渐被幸运之神给遗忘。

☆**和不幸的人在一起，就会产生不幸的想法。**

☆**和不幸的人在一起，就会产生牢骚满腹的感受方式。**

☆**和不幸的人在一起，就会交到很多不幸的朋友。**

☆**和不幸的人在一起，不幸就会变成理所当然。**

☆**和不幸的人在一起，就会开始把幸运的人当成坏人。**

☆**和不幸的人在一起，运气一辈子都不会好转。**

我把这种现象称之为“感应现象”、“同化现象”。当然，和幸运的人与运气好的人交往的过程中，也有“感应现象”、“同化现象”。所以幸运的人和幸运的人交往，就会变成越来越幸运的人。

不管是变好还是变差，幸运与运气是一种“邂逅”。

“和幸运的人做朋友吧”和“要拥有正面思考”一样，都是很难达成的。

尽管自己拼命想跟对方做朋友，但不知幸运的人是否会与你做朋友。

这是因为有幸运的人只和幸运的人做朋友的大原则。运气好的人，会吸引运气好的朋友聚集过来，因为那种加倍效果而更巧妙地搭上顺风车；不幸的人则会吸引不幸的朋友聚集，彼此传染不幸与厄运。这是隐性的社会阶层。

日本被认为是没有阶层的社会，可事实上并不是那么回事。就仿佛无形的印度世袭阶级制度一样，幸运所导致的阶层堂而皇之地存在着，不幸的人，非常难以进入幸运人的社会里。

拥有能彼此倾诉并实现梦想的朋友

为了掌握幸运与运气，我一直在寻找成功者的共通点。虽然我举出了四项共通点——“拥有遥不可及的梦想”、“拥有强烈且持续的热诚”、“拥有彻底的正面思考”、“会吸引幸运的人”——但它们都和能力或才能无关。

要成功，只要具备这四项条件即可。

听起来像是能轻松做到，但却又感觉是极为困难的事。那么，将这些条件再稍微改变得具体些、贴切些，会如何呢?

可以成功的人，不仅会拥有梦想、持续诉说那个梦想，还会拥有能认真聆听那个梦想的朋友。

成功实现梦想的人，都会以这个原则为基准。不管怎么怀才不遇，也有能彼此倾诉梦想的朋友；就像HONDA的本田宗一郎有藤泽武夫，而SONY的井深大则有盛田昭夫。

他们并非一边倾诉梦想，一边彼此安慰，而是以成功为蓝图，越是倾诉梦想，越能想象出明显的目标，朝着目标前进的战斗力才会越来越旺盛；对于成功的信心也会日渐稳固。

这是最好的想象训练。当信赖的朋友一边赞同、一边聆听，喜悦之情就会涌现，像是已经成功了一半似的，心情——大脑会渐渐变成我称之为“已成功的状态”、“无压力状态”。由于情绪也会变成正面，就可以实现完美的正面思考。只有那种人，不管在任何逆境当中，都能相信奇迹。

可是，不幸的人会拼命地进行相反的想象训练。

不会成功的人，拥有会彼此倾诉不平、不满或牢骚、坏话、嫉妒的朋友。

从现在开始，如果有人顺口发出不平、不满或牢骚，说他人坏话，我希望能即时阻止他。借酒发疯也是一样，每次负面情绪一出现，负面思考都会渐渐被强化，因而离梦想或愿望的实现，就会越来越遥远。

没有机遇也是一种幸运

我在开头已描述过，不幸的人会捡到钱包、而且只能捡到钱包。可是很遗憾的是，在这世上捡到钱包的人却被认为是幸运的。

相对地，弄丢钱包的人是不幸的。这是一般常识，且这个常识原本就是正确的。捡到钱包虽是偶然，但会弄丢钱包，正是因为过着不幸生活的关系。

我不认为只有不幸的人才会阅读本书，应该有很多读者想将现在的幸运变得更幸运。但即使你是弄丢钱包、工作失败、所作所为不如预期、连老婆都认为“我怎么会和这种男人结婚”这种超级不幸的人，也不需要悲观。

相反，你应该对此拿出很大的自信才对。没有一个成功的人，是没有经历过低潮期的。真正成功的人，一定体验过一段怀才不遇的时期。不过对他们来说，即使身处低潮期，也能认为“自己是幸运的人”、“能实现梦想”。

我们也能那样想就好。关于低潮期——由于每个成功的人都会有所体验，因此身处低潮期，也算是另一种幸运。

如果能这样想，一切就好办了。我可以保证你一定会成功。但遗憾的是，有99%的人并不会这样想。不管身处怎样优势的环境，99%的凡人都不会认为自己正过着幸运的生活。

即使认为捡到钱包是幸运的，也不会认为和现在的太太结婚、每天的生活是幸运的；此外，也不认为可以在现在的公司工作、拥有现在的上司、现在的同事是幸运的。为什么会变成这样呢？

其实在我们心中，会努力让自己认为那不是幸运。有“某个东西”存在着，它会让你认为不行、办不到、不幸……即使你正在朝着实现梦想的方向努力，但越是前进，“某个东西”就越是迅速地阻挡在眼前。

这个东西就是“心理障碍”。

工作的困难、与上司理念不同、和客户的问题、部属所犯的过错、自己的努力不足等，在我们所认为的“也许不行”、“不可能办到”、“不幸”、“很痛苦”当中，一定存在着“心理障碍”。

问题是，由于这个障碍位于心里，因此自己是很难去瓦解它的。所以，独自一人再怎么努力，都是有界限的。越是失败的人，就越会一个人拼命努力。

能让你去突破那个界限的，就是邂逅。和幸运的人邂逅，获得他的幸运或运气，借用自己能力以外的力量，来瓦解“心理障碍”。

这就是幸运或运气的真正意义。

不是捡到钱包那种幸运，这样大家应该能明白了。

提到幸运或运气，世人会认为是“偶然”。幸运或运气并非偶然，也不是与生俱来的。其实通过大脑生理学，幸运可以运用科学的方式来阐明。接下来再继续探究幸运的大原则吧。

Part 2

你的大脑是否过得不愉快？

将坏预感变成好预感的幸运大原则

胜利者优越的预知能力

“和了！”

当你听到这句话时，觉得“糟糕”已经太迟了。“独听、三元牌。哦，还有两张暗杠，过六台了！”对方得意洋洋地计算着台数。

“又是你？你今天真幸运啊。”

虽然你嘴上这样说，心中却不是很平静。那家伙最近不只是麻将，连工作都幸运到不行，上个月还把原本触礁的新合同给搞定了，把大家吓了一跳。之前他提的销售策略大受赏识，应该得到了总裁奖之类的奖励，最近连其他部门的女孩子也对他另眼相待。为什么只有这个男人会这么顺利呢？在下一波的人事变动中，他绝对会飞黄腾达的……

“嗬！一发决胜负！”

下定决心后丢出的牌，又再次被人碰牌的就是不幸的人。

工作能干的人，不知为何也非常会赌博。

工作不能干的人，一般也不太会赌博。

工作上斗志高昂的人，在赌博及游戏上也会异常的幸运。这和头脑的优秀程度、研究热诚似乎是两回事。因为一旦他不再幸运之后，会持续失败到甚至被怀疑这是否为同一个人。

工作顺利、赌博上也很幸运，这种时候也会很受异性欢迎，每天都开心得不得了。为什么这种令人称羡的现象会出现在他身上呢？是巧合吗？不，这种幸运和人的“预知能力”息息相关。

提到“预知能力”，也许会联想到神秘的超自然力量，但这个预知能力，其实每个人都具备。以前的人都会说“预感”或“征兆”，或者“直觉”、“第六感”、“灵感”等等。如果预感很正确，能如愿地预知未来，工作或竞赛就一定会顺利。

如果有人认为预知能力这种非科学性的东西是不存在的，我希望他们实地观察在运动场所、认真一决胜负的场合所发生的事情。在那里活跃的，一定是具有优越预知能力、敏锐第六感的人。像中田英寿这种足球选手，他可以确切地预知球会跑到哪里，因此不是他追着球跑，而是球在追中田。

也有人会想，预知能力就是那么一回事，在球被踢之前就能了解它的去向，其实是练习的累积，也是几率的问题。

不过，关于幸运与预知能力的关系，可以先听听我的意见，再下结论也不迟。

它有着以下的惊人原则——

越幸运的人，越能感觉到帮助自己的不可思议的力量。

凡事都用道理去定论的人，绝对会错过幸运。

预见结果的瞬间预感

关于人才的任用，每个企业都有不同的基准。可是最会针对“幸运”来评价的，一定只有我的公司吧？因为幸运会传染，所以我们100%不录用不幸的人。不知为什么，之前有几个东京大学的应届毕业生想来我们公司参观，不由分说，我拒绝了他们。刚开始我觉得很高兴，以为本公司规模原来这么大，但冷静思考之后，认为不管再怎么不好找工作，专程想来像我们公司这种非上市公司工作的东大生，应该是很不幸运的东大生。

我一直都只录用幸运的人。在不知不觉间，公司里便聚集了各个领域的佼佼者。

目前负责运动选手的心理指导与训练的江崎史子，她曾是汉城（今“首尔”）奥运会的银牌得主。1988年在汉城举办的奥运中，她以女子柔道48公斤级登场。虽然她打倒不少实力不相上下的强敌，一路晋升到决赛，但在与中国选手李忠云对战的决赛当中，很遗憾地，她只拿到银牌。

江崎与李的实力在伯仲之间，为什么无法获胜呢？她自己分析其中原因，表示：“在比赛的途中，有一瞬间失去了战斗

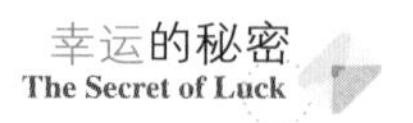

力。”

“比赛到一半时，‘搞不好会输’的念头瞬间在脑海中出现。结果之前‘绝对要赢’的信念，就转变成‘想要赢’了。”

她的心中浮现了“可能会失败”这句话，这便是预知。一瞬间浮现在脑海的预知完全地命中，如同预期，江崎错过了金牌。与其说如同预期，应该说那唯一一瞬间的预知，招致了与自己期望不同的结果。这样说也许比较正确——让之前的斗志发生中断、带来了失败的结果，便是“可能会输”这个预知、预感所致。

比起四年来都以金牌为目标、不断高涨与磨练的斗志，一瞬间的预感反而威力更强，具有惊人的作用。

在运动的世界里，预感会立刻转变为现实。因为在短时间内，胜负会清楚而戏剧化地出现。这时就像江崎所分析的，会很清楚什么样的预感与什么样的结果有关联，而且证据确凿。不过这个原则并不限于运动。不管是执行业务、考试，还是谈恋爱，都适用这同一个原则。

☆觉得这个工作好像不会顺利→失败

☆觉得这个目标自己好像办不到→无法达成

☆**觉得不可能考上那所大学→落榜**

☆**她不可能会爱上我→被漠视**

塑造结果的，就是预感、预知。

猜中的预感VS猜错的预感

那么，所有的预感都会猜对吗？当然有的会猜对，有的会猜错。很不可思议的是，我们都会认为越是不好的预感，越会猜中。

“这个工作应该不会成功吧？”“今天的生意可能不会顺利。”“这个重要的行李可能会忘在架子上。”

不经意想到的这些事，往往都会成真。

越不希望料中的预感，越会如愿。

不好的预感会命中，是有它的理由的。其中之一，就是不好的预感没必要努力。另一方面，好的预感要实现，是需要一些努

力的。

例如，我在二十八年前邂逅了一位女士。姑且不论她是否为美女，但对我来说是一位非常具有魅力的女性。我心头一惊，一开始我就有“也许会跟她结婚”的感觉。

“不，一定会结婚。”

当时的我很受欢迎，同时和许多女性交往，那个时候甚至认为可能会把所有人的运气都用光。从心头一惊的那天起，我便和她们撇清了关系。然后我开始热烈地追求她，使出了浑身解数，终于掳获她的芳心，现在她已是我的妻子。

当时我所感觉的“也许会跟她结婚”，是一个好的预感（应该是），所以必须要努力。如果不愿意和女友们一一分手，拿出勇气来追求她的话，预感一定会失败。

另一个理由就是：即使一样命中，但不好的预感容易残留在记忆里。当我们自身安全或性命受到威胁时，多半会产生不好的预感，不好的预感和不好的事情是息息相关的。自我防卫本能会启动，把那件事当作更强烈的记忆保留下来。

所以，我们的大脑记忆的失败资料要比成功资料来得多。即使一样命中了，好的预感总是会被遗忘。

会的预感VS不会的预感

所谓不景气，是不好预感的累积。大家都会有负面思考，如果尽是不好的预感，则预感会不断命中，摆脱不景气就变得极为困难。

在这种状况下，听到久违的好预感，真是令人高兴。——并不是财务部长官或日银总裁的谈话，而是退出阪神球团、加入大联盟“Mets”的选手新庄的“预感”。

在球季开赛前，新庄对记者群说：

“我觉得在大联盟的第一棒应该会有安打。之前第一次比赛都是安打，所以我想应该会击出安打吧。”

在棒球评论家或体育节目工作人员笑成一片的画面中，我没有错过新庄所说的话。他在日本没有得到优异的成绩，不可能会在大联盟中活跃。大家应该在想，他只是随口说出第一棒会是安打这种妄言吧。

可是我早就知道新庄会击出安打。

因为当他被问到觉得第一棒会是如何时，他并没有回答：

“我想击出安打。”

“我觉得会是安打。”“应该会是安打吧，”这绝对是一个好预感。

果然，他在初战的第一棒中就击出一支飞越内野手头顶的安打，一位解说员将它评论为“很有新庄风”。

可是，那原本是出局的球，硬是被新庄将它变成飞越内野手头顶的安打，这便是“会击出安打”的预感所致。因为有“可以打击”的预感，而完成了毫不犹豫、使出全力的漂亮挥棒。即使没有完全击准，但在确实地挥棒时，幸运的安打便诞生了。

肯定的预知能力，将平凡的打击转变为安打。

预知能力包括“肯定的预知能力”与“否定的预知能力”。“一定可以做到”的肯定预知能力，甚至可以把“做不到的事”转变为“做得到的事”。

另一方面，“也许做不到”的否定预知能力，对那个人来说，连“做得到的事”也可转变为“做不到的事”。“也许做不到”、“做不到该怎么办”、“希望做得到”、“想做到”……99%的人擅长实现“做不到”这种形式的预知，使得“做不到”的情况成真。

拥有较多“好预感”就会胜利。

拥有较多“坏预感”就会失败。

这就是幸运的原则。

预感会直接变成结果，预知能力会创造出结果来。在任何领域，慢慢攀升到最后的，都是巧妙活用这个幸运原则的人。

以经验让大脑产生错觉

世界上有很多在科学或常识中无法理解的不可思议的现象。其中我觉得最不可思议且感到奇妙的，便是“不拥有的人便不会珍惜它，拥有的人则很珍惜它”这种奇妙的现象。

例如，越是没钱的人，其实就越不珍惜钱。相反地，越是有钱的人，就越珍惜钱。所以没钱的人会变得越来越贫穷，有钱的人则会累积财富到不知道存那么多钱要做什么的地步。

朋友少的人，应该是要珍惜友谊的，但他们却不珍惜友谊，到最后朋友就会慢慢变少。成绩不好的小孩应该要更用功才对，偏偏他们却不用功；而成绩好的人则拼了命地念书。

同样的事也可应用在工作业绩上。越是业绩不好的业务员，越应该认真投入工作。可是平日在电影院或漫画咖啡店中打发时间的，尽是一些应该更努力工作的业务员。而人们觉得应该要休息一下才好、业绩已经很不错的业务员，却绝对不会去那种地方。因为他们会更加投入地工作，有始有终地让业绩蒸蒸日上。

这个不可思议的原则，也可套用在幸运或运气上——

越不幸、越需要幸运的人，越不珍惜幸运。

越幸运、已经不需要幸运的人，就会越珍惜幸运。

为什么会这样呢？成绩不好的孩子之所以不用功，是因为他们从没想过“还好，用功了”，无法去预测成绩变好的自己。业绩不好的业务员无法专心投入工作，是因为没有致力于提升业绩的经验，无法去预测成为顶尖业务员的自己。不幸的人不会去珍惜幸运，是因为认为没有幸运或机遇这种东西；之所以认为没有幸运或机遇这种东西，是因为过去从来没有幸运到不行的喜悦体验，一直无法去预测幸运的自己。

人们真的会很珍惜过去从未体验过的幸运吗？会真心相信吗？即使对新庄来说，会有“第一棒就安打”的预感，是因为“第一棒→安打”的条件反射在大脑形成的缘故。入选新球员选拔第五名、从高中就加入阪神的新庄，在初次登场的打击中，就击出了决胜全垒打，为他的处女作写下了光辉灿烂的一页。

这种鲜明的记忆会让大脑产生错觉：“这次一定也能打击出去。”将在日本的棒球经验与大联盟摆在一起考量，是不合乎情理的愚蠢错觉，而那个错觉＝预感，则完美地实现了。

也就是说，预感是有过去的经验印证的。成功的预感拥有成功的过去记忆资料，失败的预感则会从失败的记忆资料中出现。

天才的预知能力障碍

“失败为成功之母”这句格言曾经大大地鼓励了我。年轻时的我把它当作座右铭，每次失败时都会想起，自己安慰自己。可是仔细思量之后，觉得再也没有比它更敷衍的格言了。如果它是正确的，现在世界上应该到处都是成功的人了。毕竟世界上99%的人，即使想成功，却也尝尽了失败。

所以现实状况应该是——

失败为“失败之母”。

成功为“成功之母”。

要说明这个理论很简单。由于经常失败，失败的记忆资料就会越多，因此就容易去预测失败。

失败可以轻易想象，但成功的蓝图却怎样都无法成型。由于集中在“可能又会失败”的负面想象训练上，结果就真的会彻底失败。

另一方面，成功体验越多，就越能预测成功。因为预感会直接变成结果，那个好预感会不断实现，完成无法想象的奇迹。职棒读卖巨人队的长嶋茂雄教练，绝对是拥有惊人“肯定式预知能力”的人，但那并不是因为他很注重正面思考的关系。他只是刚好在年轻时累积了成功，塑造出无法想象失败的体质。到了锦标赛的终场，距离冠军队伍虽然差了九局，他仍然相信会获得优胜。这也可以说是一种预知能力障碍，但却是伟大的预知能力障碍。

以长嶋教练这个例子来说，他原本就是记忆资料库布满成功案例、地地道道的天才型人物。而我们凡人，也可以像他一样拥有预知能力障碍。

怀抱希望的观测VS无意识的预感

五周年、十周年、二十周年……随着数字增加，对男人来说，就越来越需要某种觉悟，这就是结婚纪念日。

也许太太会说：“十年过得好快哦！”可是，结婚纪念日的可怕，就在于这种单纯的想法是绝对不会结束的。虽然嘴巴说着“十年了啊”，但在她心中，肯定是冷静地评估着丈夫，认真地思考和这个男人结婚，自己到底是不是幸运的。

“求婚的时候他这样说过。”

一提到这种事，女性就会发挥惊人的记忆力。

“我记得他说过十年后要独立，年收入要多十倍，还说一些……不知要买市中心的公寓好，还是买郊区的独栋房子好这种大话。现在住的房子还不是跟十年前一样？！”

丈夫也根据感应现象、同化现象，思考着类似的事。他会感触良多地想：

“婚前对我是那么地体贴。”或“怎么胖得像另一个人似的。”

有一次我的朋友感叹道：

“和我结婚的并不是那么肥的女人，我应该是和更苗条的女性结婚的……这样就跟欺诈没两样嘛。”

我则回答：

“我现在还记得……你在结婚时，应该早就预感到太太现在的体型了吧？”

他在结婚典礼上曾对我说过：

“你看到她妈妈了吧，会不会有一天她也变得那么肥呢？”

我看着身材苗条、穿着新娘礼服的新娘，当时还想“怎么可能”，但过了十年之后再来看，朋友的不好预感竟完全命中。

能创造未来的，并非如一般人所以为的是意志或努力，而是预感。在十年、二十年后会成为现实的，便是自己预感中的未来。因此要如何拥有好的预感，就变得越来越重要了。

现在的你，就是十年前你所预测的自己。

十年后的你，就是现在你所预测的自己。

二十年前，我的头发非常茂密，而现在发线却很凄惨地往后退，额头已扩大到接近头部的三分之二处。“不应该是这样的。”我每次照镜子时都这么想。可是仔细思考，我从高中时代起，就被“万一秃头怎么办”、“将来会不会变成像父亲那种头”的不安所威胁着，一直以来都很担心。结果，“预感中的头”却不知不觉地实现了。

随便举例，未来也一定会变成预料中的事。

“十年后想要独立。年收入希望增加十倍。那个时候，如果也能自己买房子就更棒了。”

这不是预感，而是怀抱希望的预测。

如同之前所述，在“办得到”与“想做”之间，有令人不敢置信的距离。在“想……”“希望……”的期望背后，一定潜藏着“可能办不到”的预感。提到哪一个较容易实现，比起表面的意识性期望，强烈的无意识性预测要来得容易多了。

如果一个女人只能遇到具有不幸预感、不幸的下意识的男人，甚至和他结婚，那么可以说：她原本就是不幸的女人。

“要买房子的话，市中心的公寓好，还是郊区的独栋房子好？”

不是因为相信这句话的关系，而是因为无法相信对方的话，也没有好的预感，由此可见不幸者的不幸之处。

如果真的相信这句话，按照这句话来预测十年后会如何呢？男人的话应该会实现吧？不过如果她预测成功的话，两人的心灵状态应该会是另一种样子。除了对于工作的意愿与热情，连储蓄或节俭的方式也会不一样。

可是，不幸的女性都会有不好的预感。她们都会想："这个人不可能办得到。"

我再说一次，预感会创造现实。

你能预测"一年后的自己"吗?

☆**比起现在，更明确地让能力提升。**

☆**比起现在，更明确地提升技术。**

☆**比起现在，更明确地提升生活水平。**

☆**比起现在，更明确地接近自己的目标。**

☆**比起现在，自己更加明确地提升水准。**

☆**让自己的家人比现在更幸福。**

无法改变自己是一大谎言

如果是拥有正常头脑的人，在以往的人生中，应该都曾有一两次认真思考过"想改变自己"，希望变成更积极的人。不要因为一点小事就丧气或灰心，希望自己坚强，希望变成能巧妙掌握人心、充满魅力的人……

我们都很清楚，如果不改变现在的自己，就不会实现任何愿望。愿望或目标，有提升我们能力的一面。如果想实现五年、十年后的目标，为了塑造出适合该目标的自己，就必须慢慢改变现在的自己。

可是，没有比改变自己更困难的事了，我们也能在体验上充分了解到。记忆资料告诉我们："改变自己是办不到的。"

即使打开心理学或心理疗法的书，里面写的也尽是它有多困难的说明。

无法轻易改变自己——这是一大谎言。

即使必须改变自己，不幸的人也不会去做改变，他们认定自己就是无法改变，而且会丧气地认为，不久之后，不用改变也无妨。

幸运的人明明已经充分改变自己了，但却认定自己还能改变，经常会持续地改变自己。

在宗教团体中看到的潜能开发

在这世界上，有人认为改变自己是很简单的事。事实上，他们能轻易地改变人类。把在一流大学以优异成绩毕业、超认真的上班族新贵，完全改造成一个犯罪者，这对他们来说一点都不费事。

发生地铁沙林事件时，媒体大肆列举“心理控制”这个字眼。普通的年轻人，而且还是比常人更优秀的年轻人，为什么可以做计划并执行随意杀人这种可怕的事呢？回答这个疑问的，便是“心理控制”的理论。

就像“洗脑”一样，所谓的“心理控制”，就是与其作用于心理、心灵，不如作用于大脑的技法。而一连串的事件也证明，若作用于大脑，可以多么简单轻松就改造人类。

正因为作用在大脑上，即使重视金钱仅次于生命的人，也可以开心地布施所有的财产。布施变成他的快感，否则他就会坐立难安；周围的人只会认为他疯了，足见它可以多么戏剧化地改变人类。

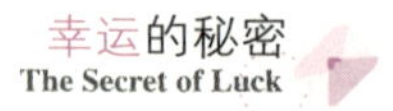

就算充满干劲地想去做，可是也无法达成目标；即使决定成为正面思考的人，光是在心中下定决心，也绝对无法成为正面思考的人。这是很惊人的事，即使再怎么以道理或理论来说服，也绝对不会发生戏剧性的变化。

道理或理论是无法改变人类的。心理控制是将大脑作为目标，改变大脑的状态。

改变大脑，并不需要动开脑手术，只要使用某个手法，人类的思考模式或情绪模式、价值观……要怎么改变都办得到。而且由于当事人完全察觉不到，因此比动手术要可怕许多。

在心理控制的第一阶段，一定会有“动摇”。动摇一个人所具有的价值观，以过去人生中的记忆资料为基础，先去破坏那个人所创造出来的想法、感受方式。

例如有一个制造恐惧的动摇手法。如果有人说“你三天后一定会死”，任何人听了多少都会感到不安。“再这样下去，不只是你，连你的孩子都会有危险。”一旦有人这样预言，你就会更加感到不安。人类的大脑，对于道理所无法掌控的预言或预知，是非常没有抵抗力的。

那时如果有人跟你低语：“其实我有一个让你免除灾难的秘

方，但我只偷偷告诉你……”你就会放下心来、无条件地相信他的话。

“放下心来”这种安心感非常危险。恐惧所造成的压力会让人的大脑停止思考，夺取正确的判断力。在那种状况下，若有人对你诉说温柔的话语、表露亲切的态度，你的自我防卫本能就会迅速消失，大脑会呈现可以接受任何事物的无防备状态。这么一来，对方的话会潜入无意识中，持续对之后的思考或情绪带来强烈的影响。

所以宗教团体会施行严苛的断食，强制执行重劳动，将信徒放置在强烈的压力状态下。不是以说道理或理论的方式，而是以频频对大脑发挥影响力的手法，彻底改变一个人的价值观与生活方式。

接下来我要谈的“潜能开发法”的技巧，基本上也和宗教团体的心理控制大同小异。对大脑发挥影响力、改变大脑的状态，把不幸的大脑变成极为幸运的大脑，把“办不到”的大脑变成“办得到”的大脑，把“无趣”的大脑变成“兴奋期待状态”的大脑。它指的就是“惊人的潜能开发法”。

对于这个惊人的潜能开发法，我将它称为“大脑训练”。

大脑改变了

1995年8月，有位25岁、默默无闻的女子高尔夫球职业选手造访我们研究所。提到“女子职业选手”，多数人脑中会浮现出盛大的锦标赛，电视新闻或报纸都有报导其活跃状况的选手。可是全国约有620位女子职业选手，其中能参与锦标赛的只有100多人，因此是有限的。

女子职业选手要参加锦标赛，除了种子选手之外，首先必须通过地区预赛，获得参加资格赛的资格。在得以参加资格赛的120名选手中，只有胜出的前30几名能参加锦标赛。

成为职业选手已7年的她，当然也以锦标赛为目标。可是在统一预选赛当中，却迟迟无法进入前30几名。1994年也未能取得资格，在一年四次的主办者推荐下才得以维持职业选手的颜面，而显示职业选手实力的年度奖金获奖额，也尚未达到150万日元。

这种职业选手生活持续了6年，任何人都会自信全失，并感到沮丧。在我们的研究所，她接受运动选手用的“心理测验”、

“动力检视”分析，结果她的状况是“无法描绘愿望、没有梦想”。也就是说，她是一个大脑呈现彻底不幸状态的女子职业选手。

她来我们研究所寻求指导，而她的幸运就在这里。不是单靠自己努力，而是试着改变过去的做法，在自己以外的地方寻找幸运或机遇，这就是掌握幸运的第一步。

半年之后，她终于通过预选赛的选拔，而且还是第一名，在35人当中获得冠军。这就是幸运的证明。报上也刊登了“职业选手生涯第7年的川波由利以第一名通过统一预选赛”的新闻。而在该年，她赚进了过去年度奖金额的20倍：2500万日元，晋升获得奖金前几名的殊荣，当然也获得种子选手权，从此活跃起来。

仅仅半年，是什么让她有这么急剧的转变呢？是到了职业选手第7年，高尔夫球的技术突然进步了吗？

那当然是不可能的。真正的原因是过去“不幸的大脑”转变成了“幸运的大脑”。我们运用某种方法，把她“办不到”的大脑转变成了“办得到”的大脑。“今年也一定会有遗珠之憾”的不好预感，被置换成“能以优异的成绩来突破资格赛”的预感，一直到晋升顶尖职业选手的行列之前，她都已确实地预知到了。

原本被认为已到极限的职业高尔夫球选手，却因此有了很大的进步。

我到底使用了什么魔法呢？

改写大脑的记忆资料

单刀直入来说吧。所谓人类，就是被大脑所记录的记忆资料。而记忆资料的累积，便形成了人类历史。

以业务工作为例，有人会以成为顶尖业务员为目标；有人虽然想，却觉得自己办不到；也有人根本不想以此为目标，任何职场一定会有这三种类型的人。

我曾经是一家上市企业的上班族，因为一个契机，而有了被创业社长看好的幸运，在二十几岁时，就窜升为分店负责人，算是相当幸运。我并没打算炫耀，但在当时全国数百家分店中，我是最年轻的分店店长，算是一次破例的升迁。

一般来说，年轻人较少有破例升迁的机会。我的部属几乎都比我年长，甚至还有和我双亲年龄相仿的人。况且那时候还是经验优先的时代，因为机遇降临而出头的年轻小伙子，面对经验丰富的老将们，会陷入怎样的苦战、恶斗中呢？那种辛苦程度，我不需多做说明，大家应该也能想象得到。在年龄、经验、知识这些实际层面上，我实在拼不过年长的部属们。即使发挥身为上司的权力，执行强制性的管理，也只会得到相反的效果。

不过，我还是掌握了关键性的精神层面。从心理层面来接近，深入一个人的心灵，就能打动、激发出他的潜力，使其职场成绩步步高升。

但幸运的人可以将一切都转变成幸运吗？不久，我找出了“大脑训练”这个方法，并将其演变成潜能开发研究的契机。之后，我便一路观察人类心灵的恐惧、可怕、出人意外的坚韧性及脆弱性。

我见多了想成为顶尖人物而全力以赴的人，有一天突然毫无干劲，就像变了个人似的，最后不得不辞去工作。拥有优越的才能，却觉得“自己办不到”，不时发着牢骚，就这样度过一生的人并不在少数。

另一方面，不知天高地厚地想成为顶尖人物的那种人，则会快速累积实力，掌握幸运，不断往上爬升。

之所以出现这种差异，就在于他们对于自己人生所抱持的预感一直是不同的。他们是预感“办得到”的人，以及预感“也许办不到”、“办不到”的人。这可以将人类区分为三种类型——

这个世界上只有三种人——预感“办得到”的人、“也许办不到”的人、“办不到”的人。

这个预感，当然是来自储存在大脑里的记忆资料。如果拥有很多“办不到”这种不愉快的记忆资料，当然会预感“办不到”。由于潜藏着自我防卫性的忧虑及不安，因此办得到的事也会变得办不到。相反地，如果只有“办到了”这种愉悦的记忆资料，就能塑造出“办得到”的大脑，在做之前就已经感觉能办得到，心情会变得兴奋和充满期待。而那种兴奋和期待的预感会让大脑活化，不断地激发出能力，并在现实生活中实现。

人类，（本质上）无非是一种记忆的资料。

照这样一说，也许有人会感到不安。如果过去的记忆资料就代表一切，那么人类不就会被过去缚住住吗?

没错。这就是不幸的人现有的状况。

不过记忆资料会发生改变，我们也可以去改变它。若记忆资料改变，当然预感也会改变。川波由利小姐通过彻底改变过去的记忆资料，将“办不到”的大脑变成了“办得到”的大脑；将“也许办不到”的预感变成“办到了”的预感。期盼了七年，参加锦标赛的目标轻松就实现了。

转变记忆资料绝对不是件困难的事。现在的我，甚至有将语言不通的动物的记忆资料完全改变的惊人体验。

那只动物就是我家的猫咪米可。

大脑所感受的愉快与不愉快

我在婚前是非常讨厌猫的。可是，猫咪米可却和妻子一起进入了我家。由于动物的大脑新皮质这个主宰着“道理”的脑较小，因此具有比人类更优越的预知能力。米可灵敏地察觉到我讨厌猫咪，绝对不会主动接近我。因为一旦接近我这个讨厌猫的人类，她的自我防卫本能便开始启动。

同处一个屋檐下，这种感觉让人很别扭。于是我决定将米可的大脑改变成适合我的状态，想要让它变得非常喜欢我。我们可以透过心理控制改变他人的大脑状态，即使对象是猫咪也没问题。

不过对猫咪这种动物来说，即使你想教它国家发生战争时的自保方法，也是英雄无用武之地。后来情况如何呢？首先，我开始喜欢上米可。具体来说，我决定主动去给米可喂食。我并非完全不会害怕，可是效果却非常明显，原本非常讨厌我的米可，渐渐会亲近我，不久便在睡觉时钻进被窝里，和我一起相亲相爱地入睡。

希望你不要觉得：“噢，就只是这样而已啊！”其实，改变大脑的秘诀就在这里。

大脑因为很多讨厌的东西而经常不愉快，会造成愈加不幸的人生。

经常保持愉快的大脑，人生也会很幸运。

工作做不好的人，也一定讨厌工作，觉得工作非常痛苦；不受女性欢迎的人，并不擅长和女性交往。

存不了钱的人，绝对也很讨厌踏实地赚钱，会觉得赚钱很困难、很辛苦，大脑对于赚钱的事也会感到不愉快。

米可的大脑一开始对我也感到不愉快。所以，它预知到接近我会发生不愉快的事，因此绝不主动接近我。

但通过给米可小鱼干，我将它对于我的大脑，从“不愉快”转换成“愉快”。也就是将“这个人很讨厌猫，如果接近他，不知会有什么危险”——米可不愉悦的预感，转变成“如果到他身边，就能满足食欲，他也会对我好、宠爱我”这种愉快的预感。

越是努力要去喜欢工作，就会越来越讨厌工作。

只要和美女一起工作，就会变得非常喜欢工作。

这是巴甫洛夫的“条件反射”的应用。巴甫洛夫在喂狗之前，一定会摇铃铛。一看到狗食，狗就会流口水。可是在吃饭前

听到铃铛声，即使没有狗食，光是摇铃，巴甫洛夫的狗也会开始流起口水来。

就是这么一回事。若把“狗食→唾液分泌”这个流程，置换成“铃铛→狗食→唾液”的流程，铃铛的声音就变成得到狗食的附加条件，只要接收到这个条件，狗就会分泌唾液。“铃铛→唾液”这种过去所没有的新流程便因应而生。

同样地，在米可的大脑中，“食物→高兴（愉快）”这种一般流程，被置换成“我→食物→高兴（愉快）”的流程，不久就变成“我→高兴（愉快）”。米可的大脑，通过附加了“我”这个条件，而迅速转换成愉快的大脑。

因疾病或贫穷、人际关系等问题而痛苦的人，为何会变成仅是看到教主的脸就感觉幸福的人呢？这是因为运用了我对米可尝试的技巧的缘故。当几乎无法忍受痛苦时（会敲响宗教团体之门，大多是因为快要无法承受痛苦和压力），看起来再怎么令人生畏的教主，只要使用与长相不相衬、充满慈爱的声音说：“你很痛苦吧？不过已经没事了。即使要我付出生命，我也会拯救你。”你的大脑就会立刻变得愉快。

在心理控制当中，也有这种手法。大部分做法都是围攻一个人，彻彻底底地责备他。当责备到他已经无法再重新振作，开始感到“我已经无药可救，是一个没有生存价值的人”的绝望时，如果听到过去一直保持沉默的教主说：“不，只有我了解你的成就”，人类的大脑几乎100%会转换成愉快的状态，于是就会变成为了教主不惜牺牲生命、即使杀人也无所谓的人。

这样简单改变人类的事是怎么发生的呢？其实在我们的大脑中，存在有切换愉快与不愉快的点。在动物的大脑（包含人类）里，有和本能、情绪、记忆格外息息相关的大脑边缘系统，而在“扁桃核”这个小小的组织里，就有那个点（参照第75页图）。

我改变米可的大脑，以及宗教团体教主以心理控制改变信徒的大脑时，“扁桃核”就成为目标。

掌管幸运的大脑扁桃核

对于大脑的话题，通常你会觉得艰深难懂。可是我们接着要聊的“大脑话题”，一点都不难。

人对于自己真正需要的东西，绝对不会感到困难（＝不愉悦）。人在感觉到困难时，已经是大脑在抗拒且判定这是不必要的。

人会觉得“困难”，只是反应了心里所判断的“办不到也没关系”、“不懂也没关系”而已。

所以，接下来要谈的话题应该一点都不困难。

要理解人类的大脑，只要想象三层楼高的房子即可。大致将大脑区分为三层构造，从一楼开始，是依“脑干”、“大脑边缘系统”、“大脑新皮质”的顺序来累积上去的。之所以说“大脑话题”不困难，是因为这三层构造，正好表现出从生命的诞生到今天人类进化的过程。

位于最下方的脑干（反射脑），是我们的祖先身为鱼类、在太古的大海到处游泳的时候，为了巧妙适应环境变化所形成的大脑，它能对各种刺激做出反应。大脑里存在着对生命体来说最重要的生命维持中枢，通过操控自律神经或荷尔蒙系统，灵活地控制着呼吸或循环、消化等为了生存所做的活动。

不久，我们的祖先就变成爬虫类的伙伴，从海里爬上陆地。

脑的构造

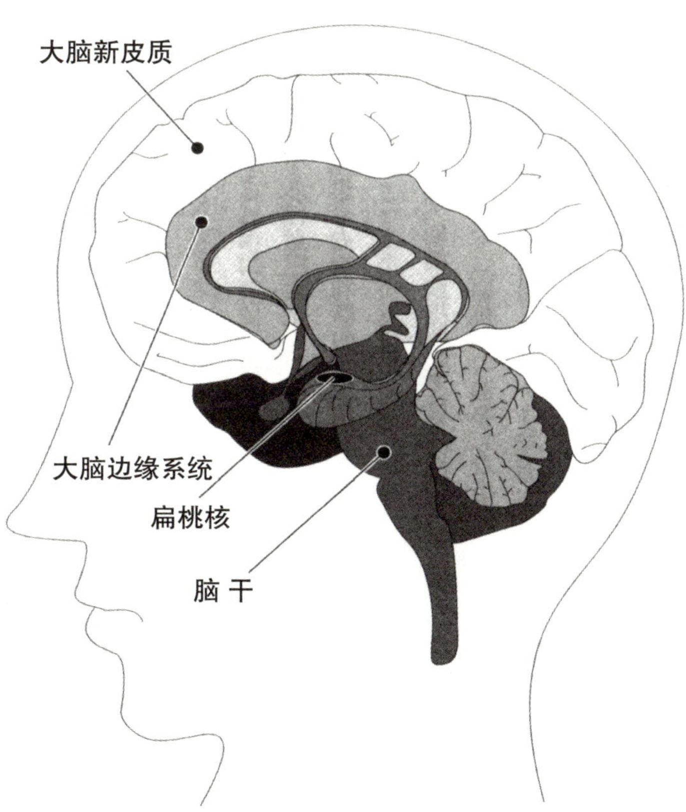

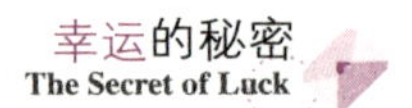

在陆地上，当活动性、飞跃性增加，弱肉强食的斗争、围绕着异性的竞争白热化，大脑里也会产生新的变化。产生食欲、性欲等本能，以及愤怒、不安、好恶等情绪的大脑边缘系统（情绪脑），迅速增大。

演变到哺乳类之后，知觉或运动、情报交换等能力开始发达，就像包裹住原本拥有的两个脑一般，知能性的大脑快速发展。以人类来说，有可能是因为它过大的结果，导致宝宝在大脑尚未发育完成时就生出来了。

若像其他动物，大脑在胎内充分成长之后再出生的话，巨大的头就会卡住，无法从产道出来。因此动物的宝宝一出生就立刻会走路，而人类的宝宝由于是以类似早产儿状态诞生的，若没有父母亲将近一年的照料，根本不可能站立起来。这也是人类之所以具有“感谢”这种情绪的原因所在。

巨大化的大脑新皮质（理性脑），几乎要威胁到身为动物的存在，大脑新皮质的发达，让人类开始拥有思考力、判断力、创造力等人性化能力。

影响幸运的，并非是这个人性化的理性脑。“幸运的脑”位于情绪脑中，被称为扁桃核，是直径约十五毫米、呈现杏仁（扁桃）形状的小神经组织。这个块状的小神经细胞，决定了一个人的幸运及运气。米可看穿我讨厌猫咪，江崎史子有“也许会输”的预感，新庄预知会在大联盟的第一棒击出安打，或者宗教信徒会去相信来路不明的教主，这些都有可能是扁桃核的作用。之所以说“有可能”，是因为虽然扁桃核直径只有十五毫米，但它的作用很复杂，目前还无法充分说明。

例如扁桃核与位于大脑边缘系统的“海马”连动，对我们的记忆有强烈的影响。在大脑边缘系统与脑干的中间，有一个被称为“维持生命的指挥总部”的“下视丘”，它控制着全身的自律神经或荷尔蒙系统，而扁桃核则很有可能控制着这个指挥总部。

另外，它也和代表理性或智能、道理的大脑新皮质——大脑基底核这个运动的大脑交换情报，并且也会调整它们的机能。

扁桃核这个“幸运的脑”，说它位于整个大脑作用的中心也不为过。人类大脑的活动大致可以区分成：1.维持生命（脑干）；2.情绪·本能（大脑边缘系统）；3.智能性的活动（大脑新皮质）这三类，而扁桃核就存在于主要的位置上。这么小的神经组织，为何位于大脑机能的中心呢？那是因为扁桃核最大的任

务，就是保护自身远离危险，判断生存于安全中所绝对必要的“愉快或不愉快”、“好恶”，并且记忆下来。

感觉到“愉快”或“不愉快”，感觉到“喜欢”或“讨厌”，大脑的作用会因为它们而呈现出完全不同的状况。天才与凡人的差异，便是喜欢的程度不同。

在我的另一部作品《No.1理论》中，介绍过一个实验——猴子的扁桃核会对食物的“好吃”、“难吃”有所反应，“好吃＝愉快”、“难吃＝不愉快”会被输入扁桃核的细胞里，然后确认在那里被记忆。而且，那个资料并不是一旦被记忆住就永远不会改变的。有新的资料输入的话，是可以改写的。

拿猴子最爱吃的西瓜举例，如果把涂满大量辛香料的超辣西瓜递给猴子，猴子的扁桃核就会去记忆它，附加上“西瓜→很辣”的条件。就算猴子看到西瓜，也变得无法预知它的美味，反而因预知它的辣味而感到讨厌。也许实际上真的很好吃，但它们却再也不吃了。

相反地，如果吃下甘甜的西瓜，“西瓜→很甜”的附加条件就会在大脑里形成，不爱吃西瓜的猴子就变成了最爱吃西瓜的猴子。像这样改写记忆资料，可以认为是在扁桃核的细胞层所进行的。

原本一直避开我的米可会变得那么喜欢我，一定也是因为在米可的扁桃核中，记忆资料进行了改写，附加条件产生了变化的缘故。

仅仅半年，川波由利小姐就突飞猛进，并且赢得锦标赛的参赛资格，也是扁桃核附加条件发生了变化的缘故。扁桃核变化成“愉快”，预感或预知产生变化，不幸的大脑就这样搭上了幸运的列车，变成幸运的大脑。

成功的软件VS失败的软件

据说人类的大脑有超越十万台电脑以上的能力。若横向联结十万台电脑，就会有惊人的长度，而我们的小小头盖骨里，则收纳着足以匹敌十万台电脑容量的“超级电脑”。

重要的是，这部超级电脑是所有人一定都具备的。虽然有时也会出故障，但在大脑这个超级电脑的能力当中，个体差异并不大。

而实际上，每个人可以发挥的能力迥然不同。有淋璃尽致发挥能力、逐步实现梦想或愿望的人，也有虽然拼命努力却丝毫没有起色、无法成功的人。

另外，也有想要努力却办不到、埋没了得天独厚能力的人。

这并非是由于大脑的构造不同、硬件能力存在差距，而是由于超级电脑的执行软件存在差异。

成功者的大脑装有“迈向成功的软件”，因此绝对会成功。

凡人的大脑装有“无法成功的软件”、“迈向失败的软件”，因此再怎么想要成功也无法如愿。

很多人都曾聆听成功者的经验谈，或出席成功哲学的演讲、拼命阅读迈向成功的手册……努力想要成功的人很多，可是藉此得以成功的，只有原本大脑就装着“成功软件”的人。那些人会

从成功者的经验谈或成功哲学、成功手册中掌握一些东西，将获得更成功的战略、战术化为己有。

可是大脑装有“失败软件”的人，再怎么聆听成功的故事，也只不过是纸上谈兵。就像听了一个精彩的故事，然后便不了了之。或者只会单纯地模仿成功者的战术，结果反而招致失败。

安装了“成功软件”的大脑，不管在什么领域，它的主人都没理由不成功；若是装上了“失败软件”，不管本人是否努力，都只会走向失败。

那么，所谓的“成功软件”是什么呢？而装着“失败软件”的大脑，又是怎样的大脑呢？

人生会出现差距的理由

如果把大脑比拟为电脑的硬件，我们的心理活动或价值观、生活方式等，则算是软件的领域。

之前提过，作为硬件的人类大脑，并没有很大的个体差异。这和不管厂商是国际品牌、富士通还是新力，电脑的容量可说是

大同小异的情况一样。个人电脑之所以是个人的原因，就在于其硬件根据使用者所安装的软件而会拥有迥然不同的能力，并创造出完全多样化的电脑世界来。

我们的能力也会因人而有显著的不同，开创出的人生也会千差万别，没有完全相同的情况。有活力四射地工作、似乎可以改变世界未来的成功者；也有按部就班、踏实地累积成就的人；也有只是完成每天被赋予的工作的人；或连工作都不做、过着无家可归的生活，甚至犯下杀人等罪行、踏上自我毁灭人生道路的人。

可是他们的硬件几乎是一模一样的：都拥有两百亿个神经细胞、容量相同的大脑，还有三层构造也都一样。只不过每一个大脑都安装了不同的软件，大脑这个超级电脑会根据所执行的软件的差异，导演出迥然不同的人生。

灌入大脑里的软件，决定了人生会如何发展。

如果人生是千差万别的，那么软件的种类也一样。若将它大致区分，可分为“迈向成功的软件”、“无法迈向成功的软件”、“迈向失败的软件”这三种。

实现成功的三个开关

有些上班族虽然想要成功、提升业绩让大家讶异，但却总是漫不经心地度过每一天。这样可能一辈子都无法成功。他们之所以会违背自己的意志、度过无趣的每一天，是因为在重要的大脑中，被装入了“无法迈向成功的软件”。

这个软件一旦被装入，不管是在什么领域，都不会想到“自己可以成功”。无法想象“成功的自己”，无法感觉到“成功的喜悦”，因此就无法去预知“成功”，在提不起冲劲的情况下，就渐渐被惰性所淹没了。

另一方面，当被灌入“迈向失败的软件”时，思考、想象、情绪这些大脑基本作用的三个要素，也都会变成负面的。不但会去想“根本办不到”，也可以确实去想象“办不到的自己”。由于不安或忧虑会日渐扩大，因此产生了“绝对会失败”这个预知。

八成以上的人，在连自己都不知道的情况下，执行着“无法迈向成功的软件”、“迈向失败的软件”。而拥有足以匹敌十万台电脑的强力超级电脑，会全力去执行灌入的软件，因此失败会确实被实现，并不会有不小心出错而成功的状况。

可是由于本人对这事并不知觉，便会把失败归咎于他人或环境，一到上班族聚集的酒馆，那些不幸的上班族便露出了清一色“不幸的脸”，彼此用力发着牢骚。而那个时候，脑海里“无法成功的软件”、“失败的软件”也正频繁地活动着。

要灌入“迈向成功的软件”，只要将三个开关都往“正面”打开即可。只要将思考、想象、情绪这三项切换到正面，大脑这个超级电脑就会自动开始执行“迈向成功的软件”。即使不想要成功，成功也会自己找上门来。

去想“一定会成功”，可以真实地想象“成功的自己”，可以感受到“成功的喜悦”，心灵会感到兴奋、期待，自然而然将现实不断往梦想或愿望拉近。动力会高涨，冲劲也会惊人地出现。由于脑内的神经传达物质或脑内荷尔蒙的平衡会改变，因此在其他软件中无法想象的灵感、联想也会不断涌现。

三个开关要变成正面还是负面，关键在于扁桃核对“愉快或不愉快”、“好恶”的掌握。

能带来最好运的无压力状态

大脑拥有最棒的幸运状态，就叫做“无压力状态”。“vigorous”这个英文单词，代表强健、有活力的意思，可以翻译成“具活动性且活力十足的心理状态”。“无压力状态”时，大脑会呈现完全的正面思考、完全的正面想象、完全的正面情绪，在成功之前，大脑早已经呈现“得到成功的状态”了。确信成功，可以真实地想象成功，甚至可以实际感受到成功的喜悦，让我们的心理充满兴奋和期待，将具备的能力发挥到极限的，便是这个心理状态。

在兴奋与期待的愉快状态下向目标靠近，如此一来，人就能发挥出100%的能力，甚至120%或150%。那个120%、150%，在下一次就会累积在自己的实力上。

日本CHANSON化妆品的女子篮球队便是在这种状态下，连续十年蝉联日本联盟冠军，创下丰功伟业的。我们在1990年参与指导前，CHANSON经常安于亚军的地位，排名在一个叫作日矿共石（现为Japan Energy）的常胜队伍之后，1988年、1989年还大大退步了三四名。再这样下去，有可能会从亚军的位子一路滑落。

CHANSON队员们的记忆资料认为“冠军是不可能的”，扁桃核也感觉到“要优胜很辛苦，非常困难”，对于优胜无法感觉到愉快的状态。即使有认为“想得到冠军”的队员，但想到“能得到冠军”，想象已得到冠军的自己，能实际感受到那种喜悦的队员，却一个也没有。

我参与指导时，一开始便这样问：“认为将来可以参加奥运的人请举手。”结果没有人举手。日本的女篮从国际水准来看尚未成熟，更何况是参加奥运了。而且没有人可以想象，在日本联盟位居第三、第四名位置的自己还能够出场。这便是她们的头脑非常正常的印证。如果有一百人的话，应该有九十九人会赞成吧。

可是我当场宣示：“你们一定能参加奥运！”后来果真应验。当时一乘秋充满怀疑地望着若无其事说出这句话的我，不久她也成为带领大家前往奥运的队长了。

女篮队的进攻速度突然间加快了起来。那是因为当扁桃核的资料被切换，“成功的软件”被输入，心理呈现无压力的状态时，就没人会再怀疑能否在日本联盟中夺冠了。那年，她们获得目标中的联盟优胜，在短时间内势如破竹般地连胜108场，达到了七连霸。

之后CHANSON持续胜出，在平成十二年达成十连霸。在十连霸的庆贺会上，一乘秋过来跟我打招呼，说："之所以能得到前所未有、蝉联日本联盟十年的冠军，都是拜心理训练所赐。"我几乎要喜极而泣。

可是在平成十三年， CHANSON竟败给Japan Energy，蝉联优胜的纪录出现了中断。理由之一，便是选手的世代交替，还有主力选手的退出，中心成员有了变更。这一点是任何队伍都无法避免的。不过我认为更令人担心的是，在蝉联十年冠军宝座之后便失去目标，导致无压力状态被中断。

蝉联日本冠军宝座十年，这是非常不简单的事。就连黄金时代的读卖巨人，都在九连霸时将优胜让给了中日。必须要持续获胜的压力，沉重得远远超乎一般人的想象。于是扁桃核开始将那种沉重压力判断为"不愉快的"，这刚好又和世代交替重叠在一起。任何天才都不可能处于"永久获胜"的地位，因此不如在这时喘口气，重新再出发。

运动的世界其实是很严苛的。从小学或中学时代就拼命练习的选手们，一直在争夺日本第一。必须要是第一名，第二名就没有意义了。因为变成第二名，便是失败者。运动员在竞争的世界中，就是如此的残酷。与之相比，在商场或考试中要得到成功，是多么轻松的事啊。

上班族一边看着运动报导，一边评论棒球或J联盟选手、奥运选手——“这家伙没有活力”或“心理层面太弱，所以陷入谷底”、“没有毅力”——俨然一副运动评论家的模样。可是我却认为，上班族心理层面的问题更大。如果那些上班族能拥有和专业运动选手、奥运代表同样程度的目标意识和动力，就能轻易成为公司里最优秀的业务员，被评为“优秀的人才”、“难得一见的优秀人才”、“天才型的业务员”的机会，肯定少不了。

那么，要如何将“无法成功的软件”或“失败的软件”，切换成“成功的软件”呢？拥有正面思考、正面想象、呈现正面情绪的无压力状态，就能发挥极致能力、召唤幸运吗？接下来，我们就要具体来讨论。

Part 3

你是不是把赚钱想得很困难？

不情愿也会变成有钱人的幸运大原则

无法成为有钱人的原因

在深夜的电车内，数名约四十出头的男性，可能因为酒精作祟，便肆无忌惮地高谈阔论起来。

“他好像有白金卡吧！”

“听说美国运通的白金卡，在日本只有六百个人有？”

“真厉害！”

漫不经心地聆听着，他们似乎在讨论成功老友的事。

“好像年收入有一亿呢。”

“我听说是两亿啊！”

“在冲绳还有别墅。”

一开始语气像是很羡慕，但说着说着却变味了。

“没想到他会成功。”

“高中的时候明明平凡得很哪。”

“如果不是做什么投机事业，哪能赚到那么多钱啊！”

“以前就是一副不能信赖的样子……”

最后话题的主角已经完全被当做一个坏蛋了。

想成为有钱人吗？如果询问一百个人，这一百个人都会回答：“是的。”可是如果听到朋友变成有钱人，就觉得好像不应该是那么回事。

有钱人不是什么正经的人。不做什么坏事，是不可能赚到那么多钱的……这个观点很明显是偏差了。可是这种偏差，并不只是嫉妒成功者而已。人的心里隐藏着“金钱是肮脏的东西”这种潜意识，当想要将无法成为有钱人的自己正当化时，它就会不知不觉地出现。

无法成为有钱人的人，隐藏着“金钱是肮脏的”这种潜意识。

越要成为有钱人的人，越该认为金钱是美好的东西。

本章中，我们会慢慢讨论任何人都能成为有钱人的幸运大原则。可是在这之前，你必须要在潜意识中认为“金钱是美好的东西”。如果认为金钱是肮脏的话，大脑就会在无意识中对金钱感到“不愉快”。违背自己更想拥有金钱的意志，扁桃核会讨厌金钱，痛恨赚钱，并会慢慢对金钱敬而远之。拥有这样头脑的人，久而久之就会变得贫穷了。

擅长赚钱的人喜欢赚钱，且认为赚钱是非常简单的事。

不擅长赚钱的人不爱赚钱，且认定赚钱是极为困难的事。

想要拥有金钱运的愉快人生，还是想一边为金钱烦恼，一边讨厌着金钱，然后终其一生？决定你拥有哪一种人生并非靠偶然，这不是才能，也不是天分，更不是累积的努力。当然才能或天分，只不过是与生俱来的；努力也一定是付出胜于不付出。可是具有决定性的，是大脑对于“金钱”、“赚钱”的条件反射。

“贫穷”是一种大脑疾病

依据大脑对金钱的条件反射，人会变得有钱或是贫穷。只要大脑被附加了“贫穷”的条件，无论身处多么受惠的环境，也会变得非常贫穷。人越是喜欢贫穷，越是乐于变得贫穷，就会越往贫穷的路上迈进。

☆贫穷的人，会有贫穷的思考方式。

☆贫穷的人，会采取贫穷的行动。

☆贫穷的人，会不知不觉与贫穷的人交往。

☆贫穷的人，贫穷会变得理所当然。

☆贫穷的人，不认为自己会变成有钱人。

☆贫穷的人，会不知不觉把贫穷美化。

☆贫穷的人，并没有察觉自己为何会贫穷。

这样说可能会让人感到惊讶，但贫穷是一种疾病，而且很明显是大脑的疾病。明明希望成为有钱人，但由于大脑的条件反射出了问题，就会违背自己的意志，往贫穷的路上迈进。

不过麻烦的是，“贫穷”这个疾病的患者，就像许多大脑疾病患者一样，几乎没有意识到自己生病了。由于没有察觉到自己生病了，也不去想要治疗它，不知不觉中这个病就越来越恶化，直到一切变得太迟。

可是这个疾病，只要你感觉到了，就能马上治疗。我们可以像切除臀部的肿瘤一般迅速动手术，因此贫穷的人也不用担心。只要将装入大脑这个超级电脑的“不知不觉变得贫穷的软件”，切换成“不知不觉变成有钱人的软件”即可。

☆**金钱是肮脏的→金钱是美好的，会帮助我们实现梦想。**

☆**赚钱是困难的→赚钱是简单、有趣的。**

只要改变大脑的条件反射，就会拥有在金钱上很幸运的大脑。

左右金钱运的潜意识

谈到这里，一定会有人说：“我从不认为金钱是肮脏的。”而且大多数人都会这样说。的确，在表层意识里，当然不会这样想，但问题是，不能察觉的潜意识和以自己的意志勉强达成的意识不同，潜意识的真心话是骗不了人的。

例如，有一个“世界不是靠金钱堆砌而成”的想法。幸好世界上大多数人都是那样想的，即使1%的成功者也不例外。因为认为“世界就是用金钱堆砌而成、非金钱不可”的人，是无法获得大成就的。即使看起来暂时成功，也一定会渐渐破灭。原因在于那种人不会得到周遭人的尊敬，无法交到一起实现同样的梦想、支持他的梦想、力挺到底的朋友，这类人就是被幸运或机遇给遗忘的典型。

认为金钱最重要的人没有魅力。

真正的成功者，一定认为“世界不是靠金钱堆砌而成”；而大多数人也都和成功的人一样，认为“世界不是靠金钱堆砌而成”的。但两者之间为什么会有那么大的差异？这是因为他们虽然表面的意识相同，但潜意识却完全不同。

“世界不是靠金钱堆砌而成”的想法，探寻其潜意识之后，大致可分为以下四种类型：

→“不做坏事，就无法赚大钱”

这是没赚过大钱、攻击型的人。

由于没有赚过大钱，大脑已经被加入了“大钱是无法赚到”的这个条件。为了把无法赚到大钱的自己正当化，会下意识地思考：“变成有钱人就是坏人。”可是因为实际上是非常想赚钱的，因此对于无法赚钱的现状，充满强烈的不平和不满。

→“我拥有比金钱更有价值的东西”

这可以说是没赚过大钱、协调型的人。

大脑被加入了无法赚大钱的条件，因无法成为有钱人而心灰意冷。所谓“更有价值的东西”，只是让自己正当化的借口罢了。这种类型的人会沉迷于某个兴趣，或是不断地在感情中出轨，使用着“固定的金钱”。由于原本就是从价值观的转换开始的，因此在兴趣方面也不会有大成就。

→“应该有比金钱更重要的东西”

这一类型就是虽有赚钱的经验，但感到精疲力尽，现在已经完全放弃的人。

人会因为自己的失败或精疲力尽，而转换价值观来说服自己。虽能受得了贫穷，但却无法承受“没有价值的自己”这种想法。即使参加志愿者或社区活动，若它只是转换价值观后的补偿行为，就无法从心底感到兴奋与期待了。

→“要实现比金钱更重要的价值，是需要金钱的”

这是曾经赚大钱、现在也持续在赚的人。

即使一样认为“世界不是靠金钱堆砌而成”，但大脑的条件反射却完全不同。对这些人来说，赚钱就是一种手段。为了在社会上实现梦想、将理想现实化，这些人经过实际体验，了解到拥有金钱是个了不起的手段。

拥有金钱、而且了解超越金钱价值的人很有魅力。

世界上有超越金钱的价值。真正能理解这件事的，只有赚大钱、现在也持续在赚钱的人。由于以下叙述的理由，金钱都会自然地聚集到这种人身边。

所以丰足的人会慢慢变得丰足，渐渐变成有钱人。相反地，没有钱的人会越来越贫穷，金钱会越来越少。

感谢金钱的幸运咒语

C先生在二十年前成立风险性事业。办公室在略为脏乱的某间公寓里，墙上装饰着一幅山水画。

“我经常望着那幅画，想象着爬到最顶端的自己。”C先生说。

那是座严峻的山。陡峭得仿佛拒人于千里之外的山顶，因美丽夕阳的照射而闪闪发亮。

就如同那个想象，C先生爬到了最高峰——荣登业界的顶尖企业，目前已拥有几个子公司，是企业集团的总裁。

这个人从二十年前至今，有件事一定会执行。那就是将钞票从钱包中拿出时，心中一定会默念：“谢谢。”然后再补充：“带着你的伙伴回来吧。”

“如果这二十年存了一些钱的话，都是拜这个咒语所赐。”

C先生很认真地说着。

是否会珍惜金钱，往往决定了你能不能成为有钱人。

不珍惜金钱、不对金钱怀有感谢的人，绝对无法成为有钱人。

在这世上，就是有人不去珍惜应该是重要东西的金钱。像是把皱巴巴的钞票塞到口袋里、零钱掉了也不捡，或向朋友借钱不还等等，这样的人都绝对无法成为有钱人。

我又不是占卜师，为什么会清楚这些事呢？因为在不珍惜金钱的人类大脑里，绝对被附加了对于金钱“不愉快”的条件。他们不会去宠爱金钱，也不会去感谢它。这种人也不会被金钱所感谢。金钱也会讨厌那个人，就像是有生命的物体般敬而远之。

猫咪米可曾经用扁桃核察觉到我讨厌猫咪，预感若是到了我身边，不知会发生什么事，于是决定视我如无物，跟我对抗。不管我再怎么呼叫“过来”，它绝对不会靠近我。很明显地，金钱也具备跟动物一样的心灵感应能力。它们绝对不会靠近不珍惜金钱的人类身边，这是毋庸置疑的。

经常有人想要轻松赚钱。躺着就能赚钱的方法，当然是不存在的。不过不需努力就能成为有钱人的方法，倒是有的——那就是感谢。感谢金钱，像面对神明般每天双手合十。

提到“感谢”、“祈祷”，现在的日本应该有不少人会嗤之以鼻。这种行为从一开始就被视为是愚蠢的风潮。

我很认真地思考着，战后的日本之所以会赶不上美国，是因为忘记了“感谢”、“祈祷”。世界上有许多的文化，但没有任何一种文化会不重视“感谢”这件事。因为“感谢”是将人类大脑变得“愉快”、创造出幸福的最有效方法。

心存感谢就会胜利。

先行感谢的人得胜。感谢就是将大脑变得“愉快”，是召唤幸运的极致技巧。

所以我认为，不管是对金钱、工作、上司、敌手、公司，还是对妻小、父母，凡事都要尽早感谢，因为心存感谢就会胜利。

像C先生一样，在心中迅速低语着“谢谢”、“感恩”、“托你的福”，就能获胜。

认为说感谢很难为情的人，也可以对金钱说谎，完全没有必要真心去感谢，以说谎的方式，在心中悄悄低语即可。人心其实是很不可思议的，在持续说的过程中，真正感谢的心情就会渐渐涌现。

在告诉我们感谢金钱的咒语之后，C先生这样说了：

“你知道在一万元钞票以及五千元钞票的正反面，画了什么样的图案吗？不知道的人其实多到无法想象。如果是心仪女性的发型或服装，我们的视线就会不知不觉、自然地移过去观察。连钞票上头的设计都没有察觉，难道是讨厌钱吗？”

浪费型的人VS储蓄型的人

“不留过夜钱”，是江户人大方的表现。自大的江户人赚来的钱，当天就会花掉，不会为了明天、为了将来，做一点储蓄。这种小聪明似乎传递了江户平民努力度过每一天的气魄。

可是，现在整个情势都大大不同了。如果被“不留过夜钱”或“有金钱就能拥有全天下”等好听的话给骗了，将来一定会尝到苦果——完全陷入借款生活，结果“过夜的贷款”在不断增加。

江户时代的人，都被士农工商这些身份制度给限制住了。“被限制住”是现代人的评论，其实当时的人也许觉得那样的生活比较悠闲。

百姓、商人、武士都有各自的生活，只要好好守护它就没事。超越那个身份的自我实现，无论是多么美好的梦想，都是被禁止的。一直到明治时期的二百五十年来，江户人的生活水准几乎都没有发生过改变。在他们看来，完全没有必要去提升生活水准，只要有当天过活的钱就够了。

可是在现代，我们可以不顾虑身份、自由地描绘自己的未来蓝图。因为描绘是免费的，可以尽情描绘。

然而，要实现梦想、战胜自我，“过夜的金钱”是绝对必要的。

换句话说，没钱并非只是没有现金、没有存款，而是意味着无法实现自己的愿望，无法过自己所期望的生活方式。

也许这听起来像是理所当然。可是对此有所领悟，一边留意、一边生存的人却少之又少。

例如，将有储蓄习惯的人与有浪费习惯的人来比较看看。你是否能从中察觉到很大的差异呢？

有“浪费习惯”的人——

☆**紧急时，会对金钱感到不安、错失好运。**

☆**紧急时，会妥协，去配合对方的脚步。**

☆**紧急时，周遭的人都不会予以协助。**

☆**有一天就不会再出现紧急时刻。**

☆**有一天自己就会察觉到没有幸运及机遇。**

有“储蓄习惯”的人——

☆**紧急时，存钱会给予勇气。**

☆**紧急时，存钱会给予安心。**

☆**紧急时，周遭的人会予以协助。**

☆**金钱会让自己拿出自信与勇气，让幸运浮现。**

缺钱的人，在紧急、重要的时刻，会对金钱感到不安而错失机遇。就算有什么好机遇，也会因为没有储蓄而犹豫不决，错失了难得的好机会。

成为有钱人的三种能力

我曾经提到人要成功：1.了解自己；2.模仿成功者——这两项基本方针是很重要的。

想成为金钱运很旺的人也是一样。光是默默地期盼“成为有钱人”，一切还是不会改变。因此我们需要分析已成为有钱人的共通点，明白阐述自己还欠缺什么，是必要的。

在金钱上幸运的人，一定会具备以下三种能力——

☆**赚钱的能力**

☆**储蓄的能力**

☆**运用的能力**

均衡具备这三项能力的人，就会自然而然成为有钱人。

拥有赚钱的能力，也拥有储蓄的能力，金钱就会不断增加。

不太有赚钱的能力，也没有存钱的能力，就无法累积金钱，为金钱所苦的生活将指日可待。不过只要具有存钱的能力，就算赚钱的能力不强，也能够一步一脚印地渐渐累积金钱。

同时拥有赚钱能力、存钱能力、运用能力这三项的人，会将赚来并存下的钱一口气做投资，再让资金大大地增值。

会中“赛马券”的人，都是在金钱上很不幸的。

在金钱上很幸运的人，都是最受欢迎的。

只会在赛马中赌个大爆冷门、存小钱的人，金钱上一定是不幸的。因此，即使中了赛马券，也会变成不义之财。若是幸运的人，会把大钱下注在确定会赢钱的竞赛上。

此外，令人困扰的是，这世上还有一些人，明明没有赚钱及存钱的能力，但运用能力却格外的优异。我们这个社会，是一个即使没钱也能花钱的不可思议的社会。信用卡这个塑料货币就能轻松到手。

但是运用能力格外优异的人，一旦开始使用信用卡，就会完全陷入借款的地狱。他们并非为了使用而借款，而是为了还款而借款，于是不久便导致个人信用破产的局面。

不管家人怎么劝说“不要再浪费了”，“没有钱就不要花，”也没效果。其实最清楚不应该这么做的是自己，可是大脑只被附加了用钱的“愉快”条件，赚钱及存钱则变成“不愉快”的，根本没办法控制自己。这是一种唯有改变扁桃核资料的大脑疾病。

在我们的研究所里，有一个叫作MMC金钱管理检视法。每年都有很多人接受检查，这其中肯定会出现“再这样下去，将来很可能个人信用破产”这种结果的人，而他们大都已经因借款而负债累累了。

我要怎么指导这种人呢？到底要如何提高赚钱能力或存钱能力呢？

其实，这些能力是由数种辅助能力所构成的。

☆**赚钱能力——愿望力、挑战精神、行动力。**

☆**存钱能力——小气、计划性、分析力、自我管理。**

☆**运用能力——开朗、决断力、勇气、经验力。**

大家之前对“赚钱能力”、“存钱能力”、“运用能力”可能有点摸不着头绪，现在经过这样的分析，要提高金钱能力，就能自然而然理解什么是必要的了。

小富翁的建议

钱真的是很不可思议的东西。只要有钱存在的地方，关于赚钱的各种话题就会不断出现，也只有在金钱上幸运的人才会聚集在一起谈论这些话题。

相反，没有钱的人，就绝对不会聊到赚钱这件事。更可怕的是，会聊的也只有钱减少的话题，或是同样没有钱的人的话题。

赚钱的话题会不断出现在有钱人的身边。

看上去快要赚钱了的话题，会不断出现在没钱人的身边。

这就是所谓的幸运。

成为小富翁，是让自己变成在金钱上很幸运的人的第一步。而且很重要的，就是要小气、要存钱。变成小气鬼，通过存钱，就会渐渐累积金钱的幸运度，那就是迈向大富翁的捷径。

看到这里，会认为“什么小气鬼啊”的人，对于存钱这件事，基本就是扁桃核呈现不愉快状态的人，最好多加留意。

小气绝不等同于吝啬。和没有储蓄的时候相比，有了储蓄后的力量是非常惊人的。当存到100万日元，我们的大脑就能轻易地想象已存到三倍于100万日元的事；存了500万日元的人，会下意识地想象存到1500万日元左右的事。光是如此，愿望的能力、思考的能力就会扩大。

以此类推，存了1000万日元的人，就会漫不经心地去做3000万日元左右的梦；存了5000万日元的人，则会想象拥有1亿5000万日元的样子。明明只有5000万，却会去思考“如果有1亿5000万的话，就可以这样了”这种扩大三倍的事。

可是一旦拥有了1亿以上的资产，就会想拥有更多。拥有了1亿，就会去想如何变成5亿。很自然地就会这样去想。拥有10亿资产的人，会以正面思考、正面想象、正面情绪去思考如何将它变成50亿，在兴奋期待的状态下寻找扩充的方法。

毋庸置疑，“有钱”对人类的大脑来说是“愉快”的。

所以我认为，先存下一定程度可运用的金钱是很重要的。

存钱这件事听起来很平凡，但它正是赚钱的基本。如果你二十几岁，就不顾一切存到1000万日元的话，在四十岁之前，就可能把它增值为1个亿。

存钱的秘诀

有钱绝对比没钱要好。可是日本的家庭或学校却煞有介事地教导着“金钱是肮脏的”、“金钱的价值很低”，因此很少培养出对金钱很在行的人。和美国不同的是，在日本，基本上就没有想成为亿万富翁的上班族。无法成为亿万富翁这一点已经完全深植在上班族的潜意识里了。

但我认为上班族如果到了35岁，连1亿日元的资产都还没拥有的话，便是社会智能非常低的证据。一般人只要工作15年，至少也能存到1亿。也就是说，存下1亿日元，是非常轻而易举的事。

因此，到多少岁存多少钱这种具体的目标设定是很重要的。最好不要拥有像“想成为有钱人”这种暧昧的愿望，那样只会让愿望无法实现的负面资料又增加一笔。只有愿望被当作明确的目标来设定，才能提高动力，变成激发出潜在能力的力量，变成像磁铁一般，把我们牵引到目标之处的能量。

再以社会新鲜人为例，在30岁之前是否能存到1000万日元，应该是一个分水岭。因为超越1000万日元之后，在金钱方面的智能就会突然出现，大脑也会往如何运用已存下的1000万日元的方向运作。另外，如果没有那样的金钱额度，就会演变成无法进行整合运用的经济形态。

其实在人的一生当中，没有比二十几岁还能轻松存钱的时期了。这个年纪再怎样丢脸都是可以允许的；可以彻底地小气。

在二十五岁之前，我是个上市企业的上班族，为了“在二十几岁时存下一亿日元”而彻底地小气。当时我是个令人讶异的小气鬼，原本应该自己花钱买烟，却拿别人的烟来解决，从来没买过；去喝酒时我也不带钱包，不过还是能到处吃吃喝喝，这也多亏我不断向上司和前辈行“狗腿”之事所赐。他们能笑着原谅我的小气，都是因为我还不到25岁的缘故吧。若过了30岁，看到这样的情形，他们只会觉得丢脸。

担心男人小气是否会不受欢迎，这是多余的。可能同期进公司的同事们都用新车，或在高级餐厅约会这些事来装体面。可是开二手的CORONA兜风，或是在超便宜的拉面馆约会、热中于诉说梦想的男人，反而更具魅力。年轻女性的扁桃核会呈现“愉快”的反应。

因为她们有生儿育女这桩大事业在等着。比起装体面、随便乱花钱的男人，放眼未来、喜欢诉说梦想、具有坚毅性格的男人，会让女人的扁桃核尤为“愉快”。顺带一句，若是外遇的话，状况就会不同了。完全不需要放眼未来的梦想等等，能令人满足现在、较浪费的这一方，会让人“愉快”。

可是到了三十甚至四十几岁，竞争原理会不断增加其严苛性。过去装体面、玩世不恭的人也不得不认真起来。结婚，然后生子，当然花费也越来越多。即使有一大笔钱，也没有能力分摊在运用或投资上。要变得比较充裕，应该是五十岁以后的事。到了被周围的人所信赖，孩子也长大成人，在生活上变得较为自由的五六十岁之后，人们才会开始思考运用或投资的事。可是一想到接踵而来的老年生活，就会犹豫不决起来。

这到底是怎么一回事？是因为面临着只能在“薪水”这个框架中生存的无趣人生的缘故。

可是二十几岁就存了一千万日元的人，在三十几岁时就会拥有“思考增值的头脑”。存到一千万日元之后，光是存还不够，大脑这部超级电脑会开始具体地思考要如何去运用它。

原本游戏人间的人，在想到“必须要存钱”时，就已经开始运用了。运用所获得的金钱、存下来的金钱，去买房子、车子。在购买四百万的车子时，手边没钱的人只好去贷款，以高额来购买。可是若有钱的话，就可以用现金来买了。这个差距就在这时见分晓。

“存钱的秘诀”如下——

☆订定计划——将何时能存多少的目标设定具体化。

☆不花钱——存钱最大的秘诀就是不花钱，若预先把要存的钱扣除下来，就会自然而然地存下钱了。

☆节省浪费——想要的东西有七八成都是不必要的，如果不好好珍惜金钱的话，绝对存不下钱。

☆思考使用方式——在有资产价值的东西上支付利息，没有资产价值的东西则用现金支付。存下来的一千万日元中，具有“一千万日元十倍”的价值。

为了扩充资本、获得更好的人际关系，才使用金钱。

☆学习增值的方式——存了一千万日元之后，两千万日元就

能轻易存到了。存钱之后，思考增值的事是很重要的。要用钱时，要大方地用；不要以大富翁为目标，要一点一滴以小富翁为目标。

越来越明显的贫富两极化

“放宽限制”在社会上像是恢复景气的特效药般不断地扩散。由于不再有限制、会变得自由，因此人们纷纷响应。就像听到“自由”或“爱”时一样，我们的扁桃核会呈现“愉快”的反应。

可是就如同我一再提到的，“愉快”、“不愉快”只不过是错觉而已。所谓“限制”，换句话说，就是指“保护”。有限制的地方一定会有保护存在。过去的日本，就是在被限制所守护的形式下，创造出了世界上无与伦比的平等社会，也有人说日本是社会主义国家。

我使用了不少最近很少听到的“贫穷”这个词汇。因为我清楚地预测到，往后“贫穷”这个词汇将再度获得公民权，也就是说，贫穷的人会不断增加。

大家都认为战后的日本已经终结了“结核病”及“贫穷”这两项。可是贫穷之所以看起来像是消失了，是因为维护日本式平等主义的限制有无数之多。长幼有序或终身雇用等制度，一路支撑着它。

可是现在，经济的全球化与放宽限制，却准备让平等主义画上休止符。经济活动的限制被撤废，外资进驻，不再有各种保护的话，有钱人越来越有钱、没钱的人会更没钱这种时局一定会到来。而我有预感，可怕的贫富两极化，应该会在未来的日本不断扩张。

最近，结核病重返人间，甚至出现了一些流行的征兆。和前者一样，它会再度威胁到贫穷的人，让他们受苦。个人的严苛生存竞争，一定会扩张到前所未见的境地。

所以，现在正是成为“在金钱上很幸运的人”的机会。这里所叙述的虽是最基础的方法，但只要去实行，在金钱上应该会自然而然出现幸运。即使不想成为有钱人，有一天也还是会达成。

不过，成为有钱人之后，用赚来的钱实现怎样的梦想呢？任何一个日本人都会下意识地认为“金钱是肮脏的”。为了不屈服于这点，我们要尽量拥有美好的梦想、伟大的梦想。

Part 4

你是不是很辛苦地工作着？

让事业有趣且成功的幸运大原则

轻松获得成功的上班族

世上再也没有像在商业领域中成功那么简单的事了。我这样说，可能会被每天汗流浃背打拼的上班族责备，但我并没有说谎。大家和运动选手比较之后，就能充分了解了。

“那个选手很散漫、没有冲劲。”

“没有很好的表现，真是没有毅力的家伙。”

“讨厌练习，这就是他的弱点。”

我会一边看运动比赛，一边毫不留情地批评。可是我并不是讨厌那些被我批评的选手，反而更替他懊悔着成绩不佳或是一时不顺。有机会却三振出局，真是可悲、不严谨、没毅力……与其说是坏话，其实是助威，同时也是对自己的一种激励。

可是，对方终究是职业选手，和一只手拿着啤酒瓶、一边吃着喜欢的食物一边批评、俨然变成评论家的上班族，根本不同。如果那个上班族能拥有散漫的选手一半的目的意识、没冲劲的选手一半的动力、没毅力的选手一半的自尊、讨厌练习的选手一半的努力，应该就能迅速变成公司内最顶尖的业务员，成为让周围的人瞠目结舌、不费吹灰之力就拿到惊人成绩的人。

在运动场上获得成功的，仅仅是少数人而已。光是高中棒球的夏季甲子园，每年就有将近一千名少年上场，但能晋升职棒选手的却寥寥可数。大多数人即使把青春投注在棒球上，一整年从早到晚地练习，也无法达成心愿。即使幸运地进入了，接下来也非常辛苦。通过正式选手的选拔关卡，若还要成为明星选手，还有一段极为艰辛的路要走。

在职棒第一线的选手，比起在公司附近的咖啡厅中，一边摊开报纸体育版，一边啃着促销吐司作为早餐，爱抱怨的上班族来，更多了一百倍明确的目标意识、一百倍的高度动力、一百倍的自尊，并做了一百倍以上的努力。当然幸运也应该是有一百倍，但他们不一定会受到注目。

与此相比，上班族的成功真是容易得多了。在日本的棒球界，第一千名有实力的人无法晋升职棒。若是职业女子高尔夫，即使排名第二百号，也无法参加锦标赛。若是柔道、赛跑、游泳等个人竞技，没有在那个项目中得到日本之最，就无法成为奥运选手。

可是在商场上，排名日本第一千名的业务就算是成功的人了。就算是第一万名、甚至第十万名的业务，也会被视为是个很有实力的人。要在业务领域中崭露头角，一点也不困难；这相对于陷入恶斗苦战的运动选手们，实在显得微不足道，实在简单得过分。即使是第一百万名、第两百万名的上班族，也能以专家自称来赚钱，这就是上班族的世界。

如果在职场还无法成功的话，那恐怕是一个相当散漫的上班族了。

努力过后仍然沉睡的能力

我们来聊聊，和运动员相比，上班族为何没有开发出能力？

在某大型家电公司任职的D先生，拿到了晋升课长的人事令，却迷惘而沮丧地想着：“干脆辞职好了！”虽然他升官了，却丝毫没有开心喜悦之情，反而觉得“没有自信胜任课长的职务”。

最近，由升职而引发的抑郁症日益严重，而在过去，几乎不会有这种事发生。成为课长有课长自身的经验以及方法的累积，而且成为一个支柱，才得以产生自信。可是在时代变化显著的今天，一成不变的话，是派不上用场的，经验与方法都会逐渐成为过去的东西。因此在晋升时，往往比过去承受大很多的压力，此时个人的心智就很重要了。

不管我说什么，D先生只是反复地说着：“我觉得自己办不到。”“很困难。”“我没有那种能力。”他已经完全丧失自信了。

可是关于人类的能力，有以下的原则：

无法成功的人——只是因为无法相信自己有能力。

成功的人——只是相信自己有能力。

我希望D先生能理解这个原则，可是，优秀的D先生的大脑却一直不想去理解。因此，我让他接受“PAC检查”（Potential

Ability Check=潜在能力测试)。

PAC检查横跨了“想象”（Image）、“情绪”（Emotion）、“思考”（Thinking）、“环境”（Environment）、“机会”（Chance）这五项，能测定一个人潜在能力的结构。换个方式来说，就是调查沉睡而没有被使用的能力有多少的测验，也称为“沉睡能力的检测”。

观察其结果，大多数人都得到八九十分的高分。这表明只发挥了天生能力一小部分的人，原来有那么多。

有趣的是，得到八十、九十分的人，会像在学校拿到好成绩的小学生一样满脸笑容。还有人很羡慕地说：“哟，得分很高嘛！”

被指出没有发挥能力却感到高兴，这里面一定有一些误解，但也没有必要去破坏那个正面思考。

D先生的情况也是，完全没有发挥出能力来。

虽然D先生拒绝课长这个职务，但他并不是懒惰虫或是个懦弱的人。相反，在被指定“去当课长”时，他具有因感到责任重大以致沮丧的责任感，并且他也是一个非常努力的人。但为什么连D先生这样的人都无法完全发挥出能力呢？

过去我们都认为，能力是依据努力而被开发的。相信只要比别人多付出一倍努力，能力就会比别人高一倍，于是持续地努力，就是像D先生这种人。

努力可以让才能开花。做父母的都对此深信不疑，他们嘴里不停地念叨着：“快去用功！”尽管他们知道这么做会被子女讨厌。可是从今天开始，我希望大家能够彻底更正这种想法。不喜欢孩子辛苦努力，才是比较正确的。

业务的专业化时代

人要成功，辛苦努力是绝对必要的，很多人都这么以为。而我则认为，那是经济高速增长期的老旧想法。

一路支撑战后日本产业社会经济增长的，是在大工厂中适用于大量生产的金字塔型管理模式。在那时，推动经验丰富者往上爬的经验主义大行其道，进行着统一的强制指导。这个金字塔如果没有用同样形状或大小的石块堆积，就会倾倒，因此被评为注重缺点更胜于优点的扣分主义，在扣分主义中没有被刷下来的人，就会先往金字塔的阶梯上爬。

PAC（潜在能力检测）商业版

<潜在能力（PA）=你所隐藏的能力、正沉睡的能力、可能性的能力>

Potential Ability Check是测定并分析你的潜在能力。

可以测出你现在沉睡的能力有多少、隐藏了多少可能性。人类的能力有无限可能，个人运用其能力的多少，产生的差距可以很大。在PAC中得分越高，隐藏在体内的能力（即潜在能力）就越高，若越低的话，表示已经充分使用到令自己满足的能力了。你使用了多少潜在能力呢?

潜在能力检测（PAC）项目	满分
1.IMAGE（想象）想象让多少能力沉睡呢	19
2.EMOTION（情绪）情绪让多少能力沉睡呢	16
3.THINKING（思考）思考让多少能力沉睡呢	17
4.ENVIRONMENT（环境）妨碍能力的环境	18
5.CHANCE（机会）和能力有关而错失的机会	18
综合潜在能力评价/100	88

底下的图表是针对潜在能力检测（PAC）五项的各主因，将你的评价图表化。

得分越高，就表示如果能激发潜能，将来的你越会大幅成长。了解你现在的状态，让隐藏的能力、沉睡的能力、隐藏在体内的能力开花，使它发挥出惊人的能力吧。

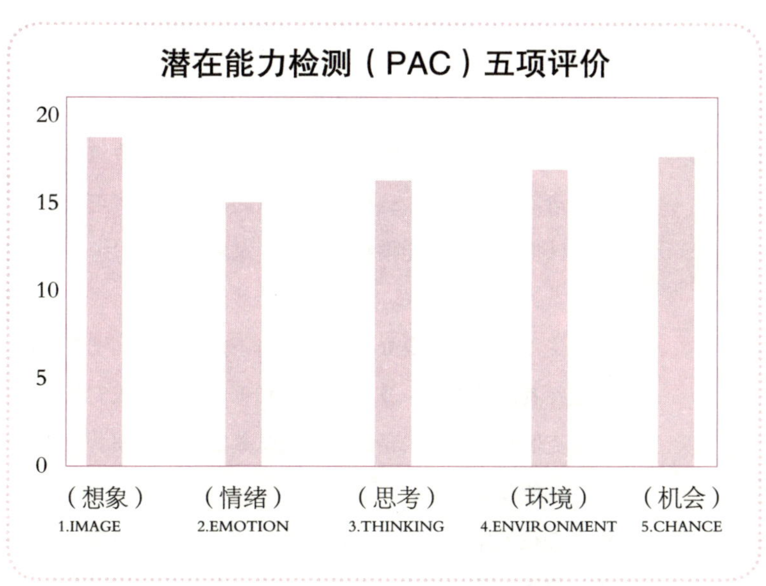

PAC项目	建议:
1.想象。	你现在的想象让能力沉睡，而且会让惊人的能力不断沉睡。若能力没有被发挥出来，你只是个普通人。首先，决定明确的目标吧，然后每天想象达成目标的时候。正面的想象会把你改变成伟大的人才。
2.情绪。	由于你现在处于负面情绪，对工作也许还处在尚未发挥全力的状态，这也可能让许多能力沉睡。通过努力工作，试着感觉将来的成功吧。和“不甘愿”及“犹豫”等否定的情绪道别，进一步表现出真正的你吧。
3.思考。	现在的你是以负面思考来面对工作。另外，也许你已替自己的可能性下定论。这样下去，就无法发挥你真正的能力。转换情绪，赶走模糊的想法，试着以正面思考来进行吧。为了你的将来，向可能性挑战。
4.环境。	除了工作，你现在身处的环境绝对不是优良的。试着把自己放在其他环境吧。拿出勇气，和善于批判的人们断绝关系。克服偷工减料的诱惑，养成认真工作的习惯。改变自己，就能改变环境。
5.机会。	你也许在工作上逃避着表现自我的机会。现在与其说要活用好机会，不如务实地让自己去接触各种机会。不先去做现在应该做的事，也许就会变成马后炮了。加油吧！机会是很多的。

底下的图表就是你的潜在能力评价。得分越高，表示你越有隐藏的可能性。这可能性就是你的财产。不要让那个财产被埋没，通过自我发掘，让它成为你的一大能力吧。

综合潜在能力评价

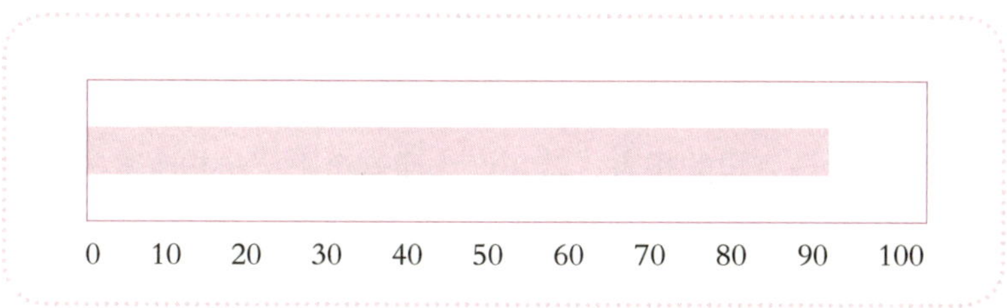

PAC检测的结果如何呢？人类的能力有无限可能。所谓潜在能力，就是可能性。只要充分活用潜在能力，任何人都可能是天才。如果有不清楚的事项，请与SANRI能力开发研究室联络。

SANRI东海中心能力开发研究室

日本静冈县岛田市本通1-10-12

TEL：0547-34-1177　FAX：0547-35-6594

・让我们对沉睡的潜在能力有多少一目了然的PAC检查结果

我们之所以抱持着“努力是辛苦的”这种错误想象，是因为要在强制性管理的情况下得到认同，就必须压抑住自己的优点或个性，成为模式化的社会人士。

可是到了20世纪80年代，工业产品的时代接近尾声，按照既定规格大批量生产的东西已经变得不再畅销。现在消费社会所重视的，是质胜于量。服务业更胜于制造业；软件更胜于硬件。

就如同马克思的预言，若生产流通这个下层结构改变的话，价值观等上层结构也会改变，而劳工的意识也会逐渐改变。

我将这个变化视为从“上班族”转移到“业务员”身上。

近来，日本的上班族和以前拿微薄俸禄、被诸侯雇用的武士差异不大。就像武士侍奉君主般，上班族也怀着忠诚之心在上班。针对这点，公司是依据终身雇用及长幼有序，来安顿他们的身份和地位的，就是所谓的“家族性劳资关系”。

可是在不景气的日本平成年代，裁员的风暴破坏了日本式的经营，一口气将家族性劳资关系这种老旧的幻想给消灭掉。

不可能在这样的景况下还不觉醒吧。这已经不适用于社会人士型的上班族了，企业也不再需要这种上班族。

如果你不是重视自己目标意识或动力的觉悟型业务员，就必须要有在将来的业务领域中无法苟延残喘的深刻觉悟。我用“专业化”一词来表现这个变化。就像职业运动选手一样，每个人都设定自己的目标，提高自己的动力，为了自己而工作。结果日本终于进入了对公司来说也是有益的时代。

有能力的业务员，就如同有能力的运动员在享受比赛或练习一般，不但乐于工作，也会觉得有趣，从而努力着。当然，这时候他的扁桃核是“愉快”的。

现在，D先生在营业部门被视为抢手的“才华课长”。原本对胜任课长职务毫无自信的D先生，是如何转变成“有才华的人”呢？我所使用的魔法非常简单。我告诉原本深信当上课长之后，一定要更加努力及吃苦的D先生，去享受工作的技巧。我只是传授了几个成为幸运的专业业务员所需要的方法。

他人的评价比你的内涵更重要

经常有人问我：对于优秀、专业的业务员来说，最重要的东西是什么。是世界观，还是看清经济动向的洞察力？……我摇摇头回答："别人怎么看你，这才是最重要的。"听到这句话的人，都感到非常吃惊。

我们都被教导别在意他人怎么看自己，大家都说在意他人的想法、目光的人是软弱的人。那是个相信"内涵"的时代。"内涵"这个硬件是很重要，但在消费社会中，人们更重视软件。尽管产品内容相同，即便内容不同，但包装漂亮的，就是会更畅销。

事实上，想要掌握幸运或机遇的话，别人怎么看你是非常重要的。我已提过好几次，幸运或机遇，是即使独自努力也无法达成的。因为幸运或机遇，是由自己以外的人带给你的。

也就是说——

比起自己拥有的"内涵"，来自他人的"评价"反而更重要。

在上班族当中，有人会埋怨明明自己很努力工作，却得不到公司认同，或是上司都不理解我……就是在以实力决胜负的职业运动领域，也有选手表示领导人对自己不给予评价，或是被教练

讨厌。很明显地，他们都是被幸运或机遇给遗忘的一群人。

因为他们并没有察觉到“如果没有得到认同，就等于没有任何才能或能力”的真理。如果照本人所说的，明明有才能或潜力，却没有得到认同的人，比起因为没有才能或潜力而当然得不到认同的人，还更加不幸，是最倒霉且没有幸运及机遇的人。

☆**明明很优秀，却得不到优秀评价的人。**

☆**明明很认真，却得不到认真评价的人。**

☆**明明很努力，却得不到努力评价的人。**

☆**明明有能力，却得不到幸运者激赏的人。**

☆**明明很上进，却得不到幸运者激赏的人。**

☆**明明主张正确的事，却得不到对方理解的人。**

如果一直害怕被误解，那么比起实际上很优秀，被大家认为优秀反而更加重要；比起实际上很努力，被评为努力反而更重要；比起实际上有能力，被认为是有能力的人更重要。被人认为自己应该会成功，是获得幸运或机遇的必备条件。

因为幸运或机遇是他人带给我们的。不管有多么优秀、多么努力，或者拥有多棒的能力，都不会有好事者特地将幸运带到不被认同的人那里。所以把自己很不幸的原因，归咎到教练、领导人、上司、公司身上都是错误的，“自己的想象”才是一切的原因。

因此，认为自己很不幸、没有机遇的人，在去算命来转运之前，首先应该要在意他人的目光，应该验证在他人的眼中，自己是什么样子；要尽快察觉到自己的想象是不好的，并迅速改变想象设计。

想要如何呈现自己，便是“自己的想象设计”——希望上司如何看待你？希望部属如何看待你？希望同事如何看待你？还有，想在客户、银行等对象眼中呈现什么模样？

我曾经指导某位J联盟的选手说：“绝不要意志消沉！”

“在教练面前，要不断表现出活力来。其实你可以沮丧，也可以在心里怄气。但是，在教练面前一定要表现出活力！”

那位选手因为一直没有被派去比赛，因此被传闻和教练之间有不愉快。他私底下一直在想：“只要待在这一队，就不可能有出场的机会。”可是在我给他“不消沉的自己”、“不沮丧的自己”这些想象设计后，隔周，他便幸运地被指派上场比赛，如今已经成为一名正式球员了。

要将自己设计成怎样的感觉、如何表现自己，依据每个人身处的环境或状况、人生观或价值观，会有所不同。但是，若以业务的专业为志向，最好要获得以下评价：

☆ **“那个人是这个领域的专家”的评价。**

☆ **“那个人绝不会对工作有所不平、不满、说他人坏话”的评价。**

☆ **“那个人对工作很积极、很有责任感”的评价。**

☆ **“那个人受到大家的期待”的评价。**

☆ **“那个人值得信赖”的评价。**

☆ **“那个人不会做错误发言”的评价。**

我想要事先声明一点：事实上，你完全没有必要勉强改变自己。只要有外观、评价就够了。重要的不是内涵。到头来，还是“包装”、“大家如何看待自己”更重要。

可是人类大脑这部超级电脑，会下意识地对他人给自己的评价有所反应。于是在不知不觉中，让自己慢慢去适应。不久，自然而然就变成条件反射——就真的变成那样的人了。

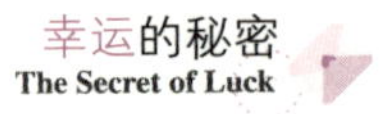

与幸运的人交往的方法

“和幸运的人交往”，把它作为掌握幸运的方法、让运气变好的方法，这任何人都会说。大家都说一模一样的话，好像没有其他话可说似的。可是就算你想和幸运的人交往，也不一定就有这个机会。

原本待在不幸的人身边，就不会有幸运的人出现。在不幸的人身边的，尽是一样不幸的人。幸运的人会和幸运的人彼此交往，绝对不会和不幸的人交往。因为对幸运人的扁桃核来说，不幸的人只是“不愉快”而已。反过来说，不幸的人的扁桃核，会让幸运的人感觉到“不愉快”。

看到幸运的人，认为“想变成那样”、“好厉害”＝具有成为幸运人的可能。

看到幸运的人，认为“不用那么拼”或“好像很麻烦”、“真是讨厌的家伙”＝具有一辈子被幸运遗忘的可能。

所以，如果想和幸运的人来往，就必须将自己设计成让幸运的人认为“想和他交往”、“无论如何就跟他交往吧”的人。

成功的人都有两样最爱的东西，无论是爱迪生、亨利·福特、比尔·盖茨、田中角荣，还是松下幸之助、本田宗一郎、井深大，都非常喜欢；而这两样东西不是才能，也不是聪明，能够让幸运的人热爱的，就是“热诚”与“感动”。

热诚与感动，是吸引幸运人的磁铁。

幸运的人是绝对不会动摇的。

会找借口的，绝对是属于运气不好的大脑。在做企划简报时，不幸的大脑也会拼命地读着企划书、检讨内容。可是幸运人的大脑，是不会阅读内容的，扁桃核会想要去感受那里是否有热诚与感动。

一位成功者，是具有感动他人能力的人。他们很了解热诚所产生的力量，感动所激发的能量。所以人们会珍惜能令人感动的坦白的人，讨厌无法令人感动的人。占用了别人大半天时间却无法令人感动的人，最好能明白自己并没有和幸运人交往的资格。

很辛苦努力的人，为什么会失败？那是因为缺少了感动。没有感动的努力是不会长久的。成功的人能察觉到感动会强化意志力，创造坚强的信念。

幸好热诚与感动都能免费获得。我不知道你是否察觉到，但世界上最重要的东西，大家都是免费获得的。任何人都可以成功，大量运用免费的东西，吸引幸运的人。为了得到幸运人的喜爱，只要自己设计就好。

以下就是和幸运人交往的方法——

☆意志坚定地看待事物，学习和幸运人交往的习惯。

☆灌输热情，再也没有超越热情的说服力了。

☆想象自己是No.1，永远用No.1的样子来跟他人对话。

☆要不畏风险地去挑战；幸运的人了解没有风险就不会进步。

☆要具备恒心去面对；要让别人知道你具有贯彻始终的能力。

☆不要完全表露出自己，在幸运的人眼中那只会显得不堪入目。

☆再怎样的懦弱也不能展现出来，只能把优点展现给幸运的人看。

☆要持续做梦、持续说梦。没有梦想的人不会被当作一回事。

☆幸运的人了解抱怨的人是懦弱的，因此绝对不要说出任何不满或借口。

☆不要说人闲话。八卦不但不会被人信任，还会给人不可靠的感觉。

☆不要说没有100%自信的话；99%和0%是一样的。

☆不要做出必须向人道歉的事；谢罪的人会被视为和不守约定的人一样。

☆避免过于亲密的交往。亲密性会丧失信赖，要留意适可而止的交往。

应该跟哪些人交往

我想，看过这里举出的十三个方法，应该会有人认为“好像很麻烦”。可是幸运的人、自然而然就成功的人，都是很自然地在实行它们。和幸运的人交往，与和拿着啤酒谈论老板或公司坏话、彼此发着牢骚的人交往是不一样的。

和不幸的人交往是轻松的；不幸的人会和交往起来轻松的对象交往。

幸运的人会和带来好运的对象交往。所以和幸运的人交往时，向上心是必要的。

为什么和不幸的人交往会比较轻松？因为只有不幸的人，才会浪费金钱、浪费友情、浪费人生。世上最轻松的，非“浪费”莫属了。不幸的人没有提升自己的必要，也没有成长的必要。

人和人之间，不管是怎样的人际关系，都会产生感应、同化现象，会对交往对象的思考或情绪产生反应、受到感化，不知不觉就会呈现出类似的思考方式、感受方式。所以和不幸的人在一起的话，不知不觉就会一样变成不幸的人了。

我观察长年相伴的夫妻，发现一件令人惊讶的事。那就是这些夫妻连长相都变得十分相似，甚至会让人误以为是兄弟姊妹。

所以和自己想变成的模范交往，是让幸运及机遇降临的人际关系原则。若想成为专业的业务员，和专业的业务员交往即可。只要像与可靠、有才能的人交往那样，去留意专业业务员的必备条件即可。

→正面思考的对象

正面思考是幸运的绝对前提，是成为专业业务员的必备条件。

在经济高速增长的条件下，即使是负面思考的人，也还可以勉强度日。在只要创造出商品就能畅销的经济环境下，即使有一些负面思考，也不会有多大的影响。那是每个日本人都“只胜不败”的时代。

可是在低增长期，负面思考的人一定会“只败不胜”。身处严苛的经济状况中，如果不能若无其事地将瓶颈视为机会、将瓶颈错认为机会，不能拥有彻底的正面思考，就无法崭露头角。

你可以结交多少正面思考的人呢？你是否会成功，关键就在这里。

→觉得工作有趣的对象

在业务上很幸运的人的扁桃核，对工作的感觉是“愉快”的，觉得有趣。觉得工作很有趣——不管在任何领域中，这都是专业的条件。

如果聚集了一群觉得工作有趣的人，就可以有趣地从事工作。聚集了觉得工作无趣的人，即使拼命工作，也只能从事无趣的工作。

去喜欢工作吧——我想这句话你可能听到耳朵都快长茧了。可是若大脑中的扁桃核对工作呈现“不愉快”的话，再怎么换工作也无法喜欢上它。所以要借助他人的力量。首先要假装工作很有趣。让人感觉到工作有趣的人、非常想从事有趣工作的人，就一定会主动找上你。这样一来，就成定局了。在和这些人交往的过程中，受到他们的感化，你就会慢慢地真的觉得工作有趣得不得了。

→能力高的对象

不知道为什么，有些人总会对能力比自己高的人敬而远之，而只会和能力比自己低的人交往。

我自己如果遇到能力比我还高的人，就会变得像猫咪米可一样，依偎在他（她）身边，因此我无法理解那种敬而远之的心态。

永远的象棋棋圣米长邦雄，在羽生善治等新生力量逐渐崭露头角时，坦然向年龄差距大到可以当父子的年轻棋士低头讨教。

他学习到初局的战略，过了五十岁，已是扬名立万的伟大人物。受莫名其妙的自尊心拘束，不和能力高的人交往，是一大损失。

不一定局限于工作。无论是在兴趣还是在能力方面，都和更强的人交往，自然而然就会学到很多东西。我将它称为“环境所赐予我们的智慧”。

再以我妻子为例。当我挥汗如雨地努力工作时，她则优雅地学习水墨画等才艺。她的老师是中野素芳女士，是女流的权威。

一般人都觉得水墨画是讲究气势的东西。不过对中野老师来说，即使是抹布，只要她抓在手里，也能立刻变为神奇的画笔。转眼间，一幅气派的画作就完成了。

就像只要和能力高的人交往，自己的能力就会提升的范本一样，妻子的水墨画技巧在短时间内进步神速。不只如此，由于受到老师的影响，她身为女性的言行举止、待人处事等态度，也都截然不同了。

→严苛的长辈

二十多岁时，我只和年长的上司交往。当时的我，因为想在二十几岁时存到一亿日元而极为小气，就和去喝酒时不用花自己钱的长辈们交往，却因此获得庞大而令人不敢置信的财产。

所以我会对年轻人说："和长辈交往吧。"不过和马虎的上司、行动力较低的前辈交往也没用，会变成和对方一样马虎、行动力低的上班族。

也许工作严苛的上司及前辈总是让人敬而远之，但你还是应该和他们交往。因为大脑这部"超级电脑"在与人见面的过程中，仍会持续不断地学习。自然地学习对方的思考或行动，无形当中，管理能力就会提升。在二十几岁的时候，只要和年长十岁的人交往，就能比没有这样做的人成长更多。

成功的人会筛选交往的对象。因为大脑这部"超级电脑"，会模仿交往的对象。

正常判断力让你错过幸运

如果我们假设——你现在是不幸的上班族、不幸的经营者、不幸的小店老板、不幸的艺术家、不幸的主妇、不幸的父亲、不幸的考生、不幸的赌徒、不幸的酒店妈妈桑，往后应该会继续当一个不幸的上班族、不幸的经营者、不幸的小店老板、不幸的艺术家、不幸的主妇、不幸的父亲、不幸的考生、不幸的赌徒、不幸的酒店妈妈桑。

不幸的人即使不想一直不幸，却无法阻止不幸，是因为大脑这部“超级电脑”预知到不幸的自己、不幸的未来，于是用十万台以上电脑的能力，去实现这个预知和预感。

不幸的酒店妈妈桑，无法成为幸运的酒店妈妈桑。

幸运的酒店妈妈桑，即使所待的是不幸的酒店，这个酒店最后也会变成幸运的酒店。

成功者的“超级电脑”，经常会预知及预感幸运的未来，并会按照那个预知及预感，去慢慢实现幸运的未来。

为什么成功者的大脑可以经常预知及预感幸运的未来呢？那是因为他们的作为“超级电脑”中枢的扁桃核，任何时候都会呈

现“愉快”的状态。当扁桃核变得“不愉快”之后，自我防卫本能就会发挥作用，出现恐惧或不安等负面情绪，面对现实就会变得否定，渐渐无法想象美好的未来。

有人认为不可能在任何状况下，扁桃核都是“愉快”的，会这样想的人判断力是正常的。虽然判断力100%正常，但一定是不幸的人。

一般人与成功者的差异就在这里。具有正常判断力的人，常让扁桃核变成100%、甚至110%或120%的“不愉快”，而陷入绝望的状况，其实他们都有让扁桃核变得“愉快”的能力。

我最常提到的例子，就是爱迪生的故事。爱迪生在发明电灯泡的时候，最辛苦的就是为了将电流改变成光，而要去寻找作为灯丝的物质。虽然最后使用了日本京都的竹子，但一路上的过程却非常艰辛。

他从世界各地收集可能作为灯丝的物质标本，一一做实验。周围的人不忍见他如此辛苦，在实验进行了两千次的时候，对他提出忠告：“你还是放弃吧。”若是一般人失败了两千次，脑中的记忆资料就会开始表示：“办不到”、“不可能”。

可是，爱迪生不一样。

“在我的眼中，可能成为灯丝的物质，全世界大概有五千五百种。我已经试过两千种了，只剩三千五百种，我马上就会找到的。”

即使面对两千次的失败，天才的扁桃核也会呈现出“愉悦”的状态。

《五体不满足》这本书会大大畅销，是因为感动了那些扁桃核判断“这是不可能”的人。由于媒体的传播报导，我想不需再多做说明，大家都知道当时还是早稻田大学学生的作者，五体当中，天生就缺少了双手双脚这四体。在一般人眼中，这是极为不幸的遭遇。

但这个年轻人的扁桃核，很明显是“愉快”的。他还斩钉截铁地说：“残障固然不便，但并非不幸。”并毫不避讳地说自己是“傻乎乎地活着”。他不但没有不幸，还考上了早稻田大学，把残障的自己当作题材，写出一本创下纪录的超级畅销书。从大学毕业后，他即成为一名体育记者。也就是说，他是一个幸运到极点的人。

不管经历什么状况，都有能让扁桃核变得“愉快”的人。而这些人一定是幸运到极点的人。这样一来，我们只要模仿他们就好，而且这绝对不困难。只要了解几个方法，就能轻而易举做到。因为我们的扁桃核是极为单纯的东西，只要稍微改变一下输入的资料，就会立刻产生错觉。

如何改善自己的缺点

由于工作的关系，我每天都会遇见形形色色的人。其中当然有让我产生好感的，也有实在是没什么好感的人。而我所喜欢的，是完全不会想隐藏、而是坦荡荡承认自己缺点的人。《五体不满足》这本书也是一样——不把自身缺陷当缺陷，相反对缺陷感到骄傲的人，是非常具有魅力的。

隐藏缺点。

只要骄傲的话，缺点就会变强项。

我其实也有“不满足”。那就是从三十几岁起头发渐渐变得稀疏，现在已经完全秃光的头。和“五体不满足”相比，这也许只是微不足道、无法比拟的“不满足”，可是对我本人来说，它并非只是个小问题。

因为秃头感到羞耻而戴上假发，是最差劲的做法了。之所以觉得秃头羞耻，想要把它隐藏起来，是因为扁桃核感到“不愉快”的关系。但是越想隐藏，就越会去意识到“秃头”这件事，于是扁桃核就越来越“不愉快”。

若能以秃头为骄傲、把它当作标识的话，扁桃核的附加条件就会改变。当有人开始说：“说到秃头就想到西田，说到西田就想到秃头……”那就好了。或者在某处一聊到秃头的话题，就会有人说：“对了，最近西田他……”“啊，那个西田……”

幸运是具有以下应该强调的原则的——

首先要凸显自己。

幸运是由他人带来的，所以不去凸显是不行的。如果大家不觉得惊讶或怀疑的话，就没有人会为你带来幸运。不管是好还是

坏的意思，总之，越能凸显自己越赢。

例如日本足球代表队的小野伸二，也是拜访我们潜能开发研究所的其中一人，他明明没有秃头，却故意把自己剃成光头，那也很醒目。

2001年移师荷兰知名球队费因诺德时，据说欧洲各球队都想将小野纳为己有，因为在看台物色球员的时候，小野的“光头”很自然就映入眼帘。

从这个例子来看，“因秃头而戴假发的举动”实在让人无法想象。要用假发来隐藏住秃头这个优点、这个自己难得具备的“凸显条件”，我觉得很可惜，而且也做不到。

转换价值的魔法

我想应该没有人喜欢秃头。在此先声明一下，我也不是因为喜欢才秃头的。

但话说回来，就算是秃头，也可以把它转变成优点。把秃头的效用写成文章，并具有说服力，是因为我本身是秃头的关系。我在演讲时也会提到这个，而且绝对受欢迎。秃头对我的业务产生了助益，所以当我一想到如果头发是茂密丛生的，我就会很担忧。

一般人对于看待自身缺点一笑置之的人，都会抱持着安心、亲切与好感。想要拉近距离的话，只要有秃头的话题，不管我走到哪里都不会被人讨厌。即使是初次见面的人，再怎样了不起的人，甚至是绝世美女，都能马上变得亲密。

说到弱点或缺点、优点或强项，其实都只是大脑的条件反射，也就是错觉。因为是错觉，就可以转换其价值。

例如，聪明也是值得思考的事。因聪明而自满的人，对周遭的人来说，没有比这更令人讨厌的了；因为长得漂亮而自满的话，难得的美貌也只会变成缺点；因工作能干而自满的人，有一天肯定会觉悟“原来自己是个工作能力差的人”。

自己所认知的“优点”，其实并非真正的优点。真正的优点，是他人会主动给予评价的地方。

自认的优点，在他人眼中看起来一定会像缺点。

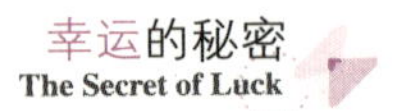

只要对自身的缺点有自信，在他人眼中看来也会是优点。

世上有想要修正自己的缺点而拼命努力的可怜人。我已经提过好几次，这样的努力是非常尊贵的，因为，它基本上是不会100%得到回报的无谓努力。缺点之所以被叫作缺点，是因为它们是无法修正的。

可是如果因为那个缺点，扁桃核对自己呈现出“不愉快”的话，那就是个问题了。幸运或机遇，不可能会出现在没有正面情绪的人身上。幸好扁桃核是非常单纯、容易被欺骗的，尽管失败了两千次，也可以有觉得幸运的错觉；即使没有手脚，也能觉得幸福。只要稍微转换一下价值观，扁桃核的“愉快”与“不愉快”就会发生逆转。

☆**对于秃头有自信的人，秃头就会变成优点。**

☆**对于自己的愚笨有自信的人，愚笨就会变成优点。**

☆**对于自己丑陋的容貌有自信的人，丑陋的容貌就会变成优点。**

☆**爱上自己缺点的人，缺点就会直接变成优点。**

我想这样的说法，一定会有人反对。对自己的缺点或弱点表现出自信，或者爱上它，应该是最困难的事。如果做不到，大家应该就很辛苦了。

但其实这一点都不困难，只要感到自满就好；就算是谎言也无所谓，只要感到骄傲就好。

对于弱点或缺点，要感到骄傲。

如果能自满地说："我是笨蛋。"那么就不会再有人说"你是笨蛋"了；也不会有人说："因为你是笨蛋，所以会失败。"而会开始说："你虽然是笨蛋，但很厉害。"意思就是"因为你是笨蛋，所以很厉害"。

秃头及容貌的丑陋、不受欢迎、内向或封闭的个性、没有工作能力、五体不满足、不幸……所有的弱点，都会在自满的那一瞬间转换成正面。这是将事物的价值整个反转过来的魔法。而一旦反转过来，越是庞大的负面，就越是变成强大的正面。

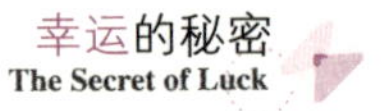

让正面思考变成习惯

讨厌一个老师，这个老师所教的学科成绩会变差，这是每个人都知道的真理。一般来说，学生讨厌一个老师，和这个老师的教导方式差有关，但由于对老师的情绪，扁桃核会变得“不愉快”，导致冲劲渐渐消失，这是成绩变差的重要原因。“不愉快”的超级电脑，一定会开始执行“无法成功的软件”、“成绩退步的软件”。

因为超级电脑会为了自我防卫，而远离或抗拒、甚至攻击扁桃核判断为“不愉快”的对象。

不管是拒绝上学或校内暴力，追溯原因，面对学校或老师，都是孩子们的扁桃核变得“不愉快”的缘故。

据说，我被称为是让讨厌念书的考生变得喜欢念书的名人。我曾受到工作上有往来的老板委托，要我对他的孩子做一些建议。首先我教导他：“不用太辛苦地念书。不，是绝对不要。”因为身为考生而必须念书、或必须努力，这些都是毫无道理的错误观念。

我指导他坐在书桌前的时候，不可以想着是来念书，应该想:“接着来享受念书这个游戏吧。”

实际上,在每天重复“来享受吧”的过程中,“讨厌念书”的想法会渐渐消失,不知不觉就变成自然而然能享受念书的体质。语言是具有庞大力量的。

有人会说:“这不是欺骗孩子吗?这么做就会喜欢念书的话,那就用不着辛苦了”,说这种话的人一定不了解大脑这个超级电脑的构造,也没有试着做过“欺骗孩子”的事;如果是在职场上,这样的人可以说是最欠缺必要的挑战精神的人吧。

将资料输入大脑这个超级电脑里,主要通过“感觉”、“语言”来进行。而视觉、听觉或味觉等五感,是通过“漂亮”、“开朗”、“啰唆”、“美味”、“臭”、“舒服”等语言来赋予意义的,之后才产生感觉,这是人类大脑最大的特征。

因此,不管是面对课业还是工作,一旦“痛苦”、“讨厌”、“麻烦”等语言被输入、成为条件反射的话,扁桃核就会有“不愉快”的反应,念书或工作就会变得痛苦、麻烦,念书时会呈现出不愉快的体质,工作时也会呈现出不舒服的体质来。

因此,我们要把输入大脑的语言做一些改变。

☆**去上班(上学)——今天要去世上最有趣的地方了。**

☆工作（读书）——今天要彻底地享受。

☆麻烦的工作——是提升自己能力的机会。

☆讨厌的上司——是黑脸教师，是对我非常有帮助、值得感谢的上司。

☆顽固的前辈——是意志坚定、拥有自己的哲学、充满魅力的前辈。

☆嘴巴很坏的同事——是不会干涉到人心的不简单的人。

☆小气鬼——是很节俭、能做自我管理的优秀人士。

就像这样，将思考的否定路线切换成肯定的路线。它之所以有效，是因为在人的大脑中，无法同时输入完全相反的两种资料。也就是说，在认为“来享受吧”的同时，就不会去想到“真是痛苦啊”。

即使有一百次的负面思考，但只要有一百零一次的正面思考就好。

这个原则是我的口头禅，也许会有人觉得它很愚蠢，可是通过重复这些愚蠢的事，有一天，正面思考就会成为习惯。

通过重复这种线路的切换，正面思考的习惯、正面想象的习惯、正面情绪的习惯，就会逐渐被培养起来。

对于反省的大误解

日本人非常喜欢反省。我不清楚现在学校的情况怎样，但在我念小学的时代，每天最后一定都会有个反省会，我经常被强迫要反省。中国的《论语》一书中也有“吾日三省吾身”这句话，建议一天要反省三次，因此喜欢反省的也许不只是日本人。

为什么人这么喜欢反省呢？那是因为大家都误认为：“只要反省就能提升能力。在职场上，也是一发生什么事，就会召集大家开会，然后光听上司说一些“那个行不通”、“这个不可以”的话。

我认为这很明显就是一个不幸的职场。

情况不妙的时候不要反省；反省要在情况非常好的时候进行。

说来你也许不会相信，但这世上会成功的，不管在什么领域，都是那些“不会反省的人”，那些没有吸取教训的人。尤其是糟糕、不顺利的时候，他们可以说是绝对不会去反省。会一味反省的，都是没有能力的人。一有什么事就去召开反省会议，都是无法成功的上司、无法成功的组织。

当状况很糟时，人会思考什么呢？他们总是变得消极，呈现负面思考，然后雪上加霜，渐渐就无法突破“糟糕”的状况了。经常而且很擅长聊一些不顺利的事，绝对都是没有能力的人。

情况不妙的时候越去思考它，就会越来越不妙。

那该怎么办才好呢？答案很简单。由于“不妙的时候→思考→越来越不妙”，因此只要执行“不妙的时候→不去思考”就好了。这世上会成功的，都是去实践这个原则的人。他们在事情不太顺利时，反而会放胆去行动，并执行“不妙的时候→不去思考→行动”。

打开新局面的新点子或想法，并非来自理论，而是来自行动，是从变化中诞生的。

当大脑感觉到不妙时，扁桃核也会呈现“不愉快”的状态，这时候即使去想“不是那样”、“也不是这样”，优秀的想法或好的答案也绝对不可能出现的。在运动领域中，把那种状态称之为“Slump”。越思考就越感迷惑，无法摆脱不振、极为不顺利就是“Slump”了。

摆脱不振的最有效方法，就是不去思考。不思考就去行动，是摆脱不振的秘密武器，这在所有运动、所有领域的工作中都是共通的。再以棒球为例，越去思考打击型态或击准的时机、要打哪个路线的球等，不振的状况就会越严重。知名选手大都会有“只是把飞来的球打出去”的心境，以摆脱那个泥沼。

幸运的时候，思考是必要的。在顺利时，容易变成“得意忘形”，丧失反省的能力。因此失败或失误会变多，进而招致灾害，这就叫“好事多磨”。

一切都顺利发展，大脑呈现兴奋期待的无压力状态时，就要反省自己、检视问题点、让头脑平静。当大脑澎湃沸腾时，“反省”这种冷静的动作是必要的。

控制大脑的技巧

大脑这个超级电脑，会卯足全力实现预知及预感。不管那个预知及预感是否是自己期望的，都无所谓。可是这样问题就来了，我们这些并非天才的凡人的预知及预感，大部分实现后都会带来困扰，所以不祥的预感或不好的预知，就必须要改写成好的预感或好的预知。

从前有人说过："梦到自己死亡的话，是会发生好事的前兆。"另外，最近甚至还有老人一遇到不吉利的东西，例如灵车等，就会开始念"吉祥如意、吉祥如意"这种咒语。自己死亡的梦，怎么想都不可能会是即将发生好事的前兆，这是最糟糕的梦。可是通过"会发生好事"的吉利说法，就可以把梦见噩梦后的不愉快心情，转变为好的预感。

和灵车擦肩而过，大多数人都会毛骨悚然。扁桃核变得"不愉快"，负面想象、负面情绪就会跟着产生。因此，重复"吉祥如意"这个吉利的咒语，扁桃核就会将"不愉快"切换成"愉悦"的状态。

在大脑训练中，把抹去负面的思考或想象、情绪，切换成正面的作业叫做“Clearing”（交换），“自己死亡的梦境是吉兆”以及“鹤龟”（比喻“吉祥如意”）都是一种交换。

这应该是古人的智慧吧，他们早就了解到不好的预感会创造不好的结果，不好的预感必须转变成好预感。

“从现在的实力来看，是理所当然的结果。虽然对比赛结果很不甘心，但这是一场没有遗憾的高尔夫球赛，我也发现了自己技术上的问题，希望在下周后的比赛中能够改进。”

这是之前我所指导的女子高尔夫球选手中岛千寻，在Resort Trust Ladies高尔夫球赛中获得优胜时说的话。由于我经常以No.1为目标来指导她，因此即使优胜了，她也不会说“很高兴”、“太好了”。因为一旦感到高兴，就会产生满足感，斗志或集中力就会中断了。

所以她的扁桃核对于没有优胜这种结果，也不会呈现“不愉快”。不过以No.1为目标而奋战的人，亲眼目睹优胜被人夺走，他的扁桃核不可能不呈现“不愉快”。可是，她却巧妙地将它“交换”了。

中岛千寻因身为“主妇女子职业选手”而闻名。同时，她的成绩起伏甚大也广为人知：刚刚以漂亮的成绩晋升种子选手，但隔年却完全落败。不只是高尔夫球，好与不好差距明显的人不善于“交换”，有很多人会将暂时失败或失误时的负面情绪延续下去。

例如若无法达成今天的目标，就会将“办不到”延伸到隔天早上，开始准备度过沮丧的一天；若这次的简报失败了，就会延续“失败了”、“毁了”的心情，在下一次的简报中也无法使出全力来。负面思考或消极思考、失去冲劲，原本就是“办不到”或“失败”的情绪累积。

因此，每次产生负面思考、负面想象、负面情绪时，一一进行交换，然后瓦解它是很重要的。

幸运的人擅长遗忘，会马上忘记失败。

不幸的人记忆力太好，无法忘记失败。

当中岛选手第一次来找我谈话时，我回应她：“你会这么烦恼，真是幸福啊！因为是可以解决的问题，所以会烦恼。若是无

法解决的问题，即使让人绝望，也无法去烦恼。正在烦恼，说明你是非常幸福的人。”

我这么说，就是想表达交换的重要性。通过交换，人的情绪无论再怎样烦恼，都能改变。

依据资料的输入方式，好像跌入不幸深渊般的心情，就能立刻转变为幸福的情绪。

优秀的她马上就理解了我的话。虽然因斗志的关系还留有不甘心的情绪，但她的一句“这是一场没有遗憾的高尔夫球赛”，就将扁桃核的“不愉快”做了转换。还有，“我也发现了自己技术上的问题”这句话对优胜这个结果给予了肯定的评价，让扁桃核呈现“愉快”的状态。

因此，中岛选手的超级电脑应该已经完全是正面的情绪了。听了她的那句话，我开心地想：“千寻，你果然了不起！”

带来幸运的自我暗示法

我想大家都了解，交换是一种自我暗示。对失败的比赛应该不会留有遗憾才对。

以中岛选手优胜的例子来说，因为前几天是拿了第一名，所以更值得一提。可是，她却将之评价为："这是一场没有遗憾的高尔夫球赛。"这是自我暗示。

说到"暗示"，听起来像是什么特别的方法。其实我们所抱持的价值观或目标，多半都是自我暗示、主观认定、错觉。因为是错觉，所以有时也会清醒。

在公园角落支着蓝色塑料帐篷生活的，大多是完全清醒的人。

若想要活得更好，自我暗示绝对是必要的。那么，流浪汉没有想要过得更好吗?

这点我们不清楚。不过，我想无家可归这种生活方式，一定会有一些自我暗示存在。

幸运的人会在不知不觉中，将幸运的暗示降临在自己身上。

不幸的人会在不知不觉中，将渐渐不幸的暗示降临在自己身上。

→早上要振奋精神

早晨是一天的开始。就算是依据早上的大脑所产生的想象来决定当天的幸运或机遇也不为过，也就是说，早上的“扁桃核”状态会影响你一整天。

“今天要和一个讨厌的人开会。”

“真烦！今天必须要处理顾客投诉。”

“好像没什么冲劲。”

若以呈现否定的扁桃核来开始一天的生活，那会很糟糕。

以前在我家，也有每天早上祭拜神桌、向佛坛双手合十的习惯，祈祷“今天请守护我们一整天”或“希望今天能有活力地度过”，我想这也是一种交换，一种自我暗示。

以肯定式的想象与情绪进行重组。为了有好的预感，要控制想象及情绪。

很遗憾的是，这种自然的精神振奋已经完全从日本人的生活中消失。所以有意识地去交换，进行自我暗示，将幸运作为条件反射，兴奋地期待工作、生活，这些完全取决于我们自己。

早上就要提高心神，做让大脑活化灵敏的训练。

1.告诉自己："今天好像会很幸运。"（今天的协商好像会很顺利。今天的客诉处理好像会成功、得到人家的感谢等等）——数次。

2.接着肯定地告诉自己："今天会很幸运。"（今天的协商会顺利。客诉处理会成功、得到感谢）——五次以上。

3.最后只反复说："很幸运。"（协商会顺利。客诉处理会成功、会得到感谢。）——数次、几次都可以。

→夜晚的冷静

晚上在睡前，进行让心神平静的冷静动作。相对于"很幸运"这个早上的自我暗示，实际感受"得到幸运"、"获得机遇"就是夜晚的自我暗示。

首先，将今天一天体验的否定式记忆改写为肯定式，必须确实恢复到"愉快"的扁桃核。将睡前的情绪变成最棒的状态，像是能感受到一整天非常有"运气"一样来自我暗示。

1.告诉自己："今天也一整天平安无事地结束，真是幸运。"——数次。

2.接着肯定地告诉自己："今天真幸运。"——五次以上。

3.最后只反复说“很幸运”——数次、几次都可以。

在暗示中，重要的是一定要变成肯定的语句，将3的暗示变成现在式。在“想……”的愿望、“应该会……”的未来式、“希望不要……”的否定式中，大脑是不会切换的，这些语气，都像是包含了一些“也许不能……”的负面感觉。

→感谢——史上最强的交换

通常我在结束东京的工作、回到爱妻等候的静冈家之前，在太阳即将西沉的东京站新干线月台，都会购买one cup的日本酒。在回程的车上，那就是我的上帝。

在位子上坐定，我就立刻取出one cup，向上帝献上感谢的祈望。我感谢今天平安无事地结束工作，能沉浸在一片充实感中喝酒的幸福，然后双手合十。由于膜拜one cup的样子，会引起周遭人异样的眼光，因此我在心中悄悄地双手合十。结果发生了一件非常不可思议的事——提到美梦成真，就真的美梦成真了。one cup的日本酒散发出浓郁的芳香，立刻变身为风味比任何高级酒更香浓的名酒。

我想理由就不用多做说明了。这和对宗教团体的信徒来说，他们的教主永远都是世界上最棒的道理一样。

因心理控制的手法而变成极度“愉快”的扁桃核，引发了一件毫无道理的事。扁桃核的“愉快”传达到和它连动的视床下部去，那个指令让全身的自律神经及荷尔蒙都发生了变化。尤其脑内荷尔蒙会有变化，多巴氨会充斥在大脑，一切事物看起来都变得很棒。

因为感谢，所以对象看起来就会很了不起。

不幸的人只会去感谢觉得很了不起的对象。

感谢和信仰一样，扁桃核是100%“愉快”的状态。感谢时，我们的大脑是放松的，完全呈现出“愉快”。

我无从得知在婴儿时期，或者再追溯到胎儿时期，是否100%将自己的性命全权委托给母亲时的记忆。

可是大脑这个超级电脑在感谢什么时，会具有100%安心、100%从自我防卫中解脱、100%呈现“愉快”这个不可思议的结构。

所以说谎也没关系，会去感谢的人就赢了。感谢今天，感谢这个人生，感谢活着，感谢双亲，感谢一直到老、即使老了也会陪在身边的妻子，感谢这个职业，感谢虽困难却有价值的工作，感谢爱欺负人的上司，什么都要去感谢……

感谢自己的幸运、感谢机遇。如果你懂得感谢的话，幸运、机遇、妻子、爱欺负人的上司，看起来都会那么地了不起。

当你对某个人抱持感谢时，那个人在你眼中一定很棒。所以每个护士看起来都很漂亮，就是这个缘故。以我来说，麻烦的是随着年纪增长，妻子看起来也越来越漂亮。也就是说，感谢就是一种最好的自我暗示。

可是在世界上，有的人并不擅长感谢。即使要他撒个谎来感谢，他还是办不到。

对于那样的人，只能要他们这样想——

我有两位父母亲。他们两位都各自有两位父母亲，而这四位祖父母又各自有两位父母亲。像这样追溯到二十代前来计算的话，就会有一百零四万八千五百七十六位祖先了。若是追溯到三十代前的话，祖先的总数就会变成十亿七千三百七十四万一千八百二十四这个惊人的数字了。

在这十亿七千三百七十四万一千八百二十四人当中，只要有一人因为某些原因早逝，或是男女的组合有一个不一样，就不会有你诞生出来。他们每个人都各自拼命、认真、勇敢地去完成他们的人生，所以才会有“我”。你应该向所有十亿七千三百七十四万一千八百二十四位祖先，说声“谢谢”才是。

而且，你现在会在这里这样生存着，以几率来看，只能说是一种奇迹。和年底巨无霸彩券的中奖几率（100万～500万分之一）相比的话，实在是大太多了。每个人都觉得会中奖。

突破如此大的难关，现在才会有这样的发展，因此你是非常幸运的，是拥有最强运势的人，实在没有理由不去感谢人生。

在美好的人生中得以遇见的“奇迹”，就是现在在你眼前的人们。除了双亲、妻子、孩子、朋友、职场的竞争者、爱欺负人的上司，甚至一路刁难自己、随心所欲的客户负责人，都应该去感谢。每次看到他们的脸，都要开心地想：“真幸运！”“又走运了！”

Part 5

你能否看到重要的人的心灵？

恋爱、家庭、生儿育女都顺利的幸运原则

能塑造幸福的人VS不能塑造幸福的人

据说妻子主动向丈夫要求离婚的案例越来越多了。这里不是指年轻的情侣，而是指中年夫妇，被长年相伴的妻子突然强制提出离婚，寂寞的丈夫似乎慢慢增加。最近在我的身边，也发生了这样的“离婚事件”。

我和E先生已经是老交情了，有一天他打电话来说：“有事想找你商量。”五十五岁的E先生是拥有五百名以上员工的公司经营者。他几乎是从零开始，靠自己一手创立了公司，至今仍在第一线上努力打拼着。他拥有进口车三辆、游艇以及两栋别墅，还有比他小五六岁的漂亮太太，过着任何男人都会朝思暮想的生活。以世人的眼光来看，他就是个成功者。

以我来看，他拥有了理想的家庭。可是太太却突然向他提出："我想要离婚。"让他脑筋一团乱，不知该如何是好，几乎要崩溃了。

太太那边已经有抛弃贵妇生活的想法了，看来事态颇严重。以大脑训练来说，她在面对先生时，扁桃核已呈现出"不愉快"，大脑对先生只有负面的想象与情绪了。

E先生家有三名子女，两个男孩子早已进入社会，小女儿最近才刚嫁人。当生儿育女的使命结束、要卸下母亲的职责时，许多女性都会遭逢心理危机。

这年代，女性所面临的危机，被称为"空巢症候群"。越是贤妻良母型的女性，当孩子们成家立业后，越会感到孤独，有一种丧失了自己的存在价值或生存价值的寂寞感。这时候重新审视丈夫，再也没有从前的魅力，丈夫将所有的精力投注于工作、妻子将所有的爱都灌注在孩子身上这种日本式的夫妻生活，在体验了三十年之后，即使经常彼此凝视，扁桃核也不再是"愉快"的状态，反而会集中在"不愉快"上。

"你那边没有问题吗？"

我和E先生年纪差不多。他这样问了我，我便自信满满地回答："没问题，我有信心。"

这不是自大，为了避免年纪大之后，妻子会提出离婚这种事，我一直以来都悄悄地努力着。当大家出现在闹市区某家酒吧、被美女们团团包围时，我则付出全力，让妻子的扁桃核变得“愉快”——比如买花回家；一找到机会，就说：“你好漂亮！”“你真体贴！”而且持续地说。每当要求她帮我做事时，即使没有，我也会对她说声“谢谢”……

那是因为，我秉持着这种幸运大原则的缘故。

成功的男人即使说谎，也会让女性有幸福的感觉。

失败的男人因为看不见对方的心，所以不会说谎。

我并非指E先生是“失败的男人”。E先生确实属于那1%的成功者，绝对是“成功的男人”。

但在过去的日本，大家都认为只有在社会上成功的男人才有价值。不顾虑家庭，还拼命去找情妇，被称为是“男人的志气”。事实上，战前及战后的成功者，这种类型不少。

可是近年来，你有察觉到成功者的形象渐渐有所不同了吗?

像E先生那样只给予家庭物质上的幸福，是不够的。如果在精神层面没有塑造幸福的能力，就不是真正的成功者。现代人对“成功”这个观念的认识已渐渐转变为美国式的了，这和日本社会从生产型变成消费型不无关联。

在消费社会中，掌握经济关键的不是商品，而是软件；不是车子，而是车子的设计。有时候广告的效果、代言艺人受欢迎的程度都很重要，因为人心会左右商品或金钱的走向。

消费社会中的业务，必须将“人心”当成目标，更进一步来说，也就是要对对方直径十五毫米的扁桃核“愉不愉快”、“好恶”的判定。

在今日的消费社会中，让妻子幸福的能力和在社会上成功的能力，是一样重要的。

让幸运急速改变的伴侣力量

伊丹十三导演的《鸿运女》电影作品中，和宫本信子所饰演的艺伎交往的每个男性都会成功，从幸运或机遇光靠自己努力无法达成、幸运或机遇是由他人所带来的原则来看，这实在是一部正确的电影。

真正幸运的男人会和带来幸运的女性交往，而且结婚。例如HONDA的大老板藤泽武夫，第一次见到本田宗一郎时，心想：“这个怪男人是怎么回事啊！”这是个有名的故事，据说让藤泽认为“这是个了不起的男人”的，就是宗一郎的太太。当藤泽和他太太见面后，便确信这么棒的女性所选择的男人是不会错的。如果没有这个改变命运的邂逅，HONDA的情况就会和现在完全不同了。

若要结婚，就要选择“鸿运女”。

我当然也娶了会让丈夫变成幸运人的妻子。

我提过自己在二十几岁时，曾受到上市公司创业老板的赏识，脱颖而出，成为全国数百家分店中年纪最轻分店长的事。可是当创业老板退休，由第二代接棒后，公司就完全是典型第二代老板的样子，也只有欣赏那种类型的人才能崭露头角。于是我看清这个公司已经没有未来，便毅然决然地离开了。

我一直很注重心灵与能力的关系，对运动选手的心理训练很感兴趣，受过心理训练的德国或美国运动员，在奥运中开始印证其效果，心理的状态会直接影响人类能力的事实，令人讶异。当时我只想把一生奉献在潜能开发的研究上。在日本，那是还没有任何人专门研究的全新领域，当然，那里也应该会有商机。

可是周遭的人全都反对，不管是朋友、亲戚、公司前辈，还是同事，而其中只有一个人赞成我的想法，这个人就是我的妻子。

“鸿运女友”会让男人有成功的预感。

在我表明会一两年没有收入后，妻子问道：“你觉得可以成功吗？”我回答：“可以”，她便轻轻松松地说道：“那就试试吧。”听到这句话，原本一直忐忑不安的情绪立刻消失了。妻子的一句话让扁桃核变得“愉快”，我的大脑终于产生了成功的预感。

不过，没有收入的日子并不只是一两年而已。之后的五年我都一直是个几乎没有收入的“烦恼的父亲”。

消除对分离感到不安的男女关系

喜欢上一名女性，为什么会想永远跟她在一起呢？世界上有好几十亿名异性，但为何偏偏会和这个人结婚，这到底是为什么呢？

除了两人在一起的生活费会比较便宜这个实际动力之外，我想还有各种理由。可是最根本的一点，便是有“对分离感到不安”这个因素存在。

人类是无法离群索居的。“一个人”并不是一个数字，是在精神上无法与他人连结的“孤独”。

一旦变成“孤独”，对分离感到不安的意识就会在人的心里渐渐抬头。它的原型就是与母亲分离的孩子们所怀有的不安，而当这个不安涌现之后，扁桃核就会突然变成了“不愉快”。丧失被母亲保护着的安心感，对孩子来说是非常大的危机。在害怕、不安与恐惧的同时，他们必须要保护自己。

同样的事也发生在我们身上。“孤独”会唤醒无意识的不安与恐惧，启动自我防卫本能。进入“希望不要……”的守护状态。负面思考、负面想象、负面情绪不断出现，挑战精神与积极性则会消失。

这种对分离感到的不安，会让人处在重大的压力状态下。精神病或神经症的大多数患者，都有孤独、孤立的背景。

刚出生的宝宝，如果完全不拥抱他或抚摸他的话，很可能没多久就会死亡。因此，大家应该明白分离不安的压力有多大了吧。

孤单是危险的。

为了逃避那种分离不安感，将扁桃核变得“愉快”，人会结婚、创造家庭，并且许诺：“不管贫穷还是富有，都要相互扶持……”

可是一旦结婚了，对婚姻状态感到安逸，从而忽略让对方的扁桃核变得“愉快”，这样的人其实非常多。尤其是把工作当作借口、不去兼顾家庭的日本男人。

长久以来，日本男人好像已经忘记了人类为何要结婚。理由非常清楚，因为日本男人还拥有所谓公司这个家族，还有体恤人民的国家，会制定各种制度及保护政策，来保护我们避开市场游戏的残酷性。

在多民族融合的美国，人们自始至终都为个人奋斗，在高度竞争的环境下，不特意去开创自己的人生就无法生存下去。为什么美国人会那么重视家庭？那是因为在严苛的竞争社会中奋战的人，越是奋战，就越需要治疗变本加厉的分离不安感。

三五年后，日本也会变成那样。现在我们所生存的社会，传统公司的终身雇用制瓦解，国家的存在方式也大大变革，从保护演变成竞争的社会。个人若没有明确具备人生的目标、维持动力的话，不仅不会成功，连苟延残喘都不可能。我们将会面临着和现在无法比拟的、极大的分离不安感。

不管再怎样有能力，孤身一人是无法战斗的。拥有“不愉快”扁桃核的人，将会在过大的压力中一蹶不振。

爱欢迎男人的心理控制

恋爱原本就是源于扁桃核的错觉，只要善用这个原理，就没有比将不受欢迎的人变成受欢迎的人更简单的事了。

我们只需要把目标放在对方的扁桃核上。和男性相比，女性掌管感性的右脑要更为敏感、更为优秀。只要针对那个部分，女性的扁桃核就会立刻转变为“愉快”的。

“我长得不好看”、“我太矮”这种消极的念头，实在是蠢到极点。我希望各位回想一下，出现在电视上的年轻搞笑艺人，看起来明明就不帅，却和大美女结婚。因为在他们身上找得到“使人发笑”这种自然而然让对方的扁桃核“愉快”的特技。

所以，如果被“长相不好看”、“个子矮”、“腿短”“又胖又丑”、“四眼田鸡”、“头发少”、“口才差”、“学历低”，顺便再补一句“从非名校毕业”……这种无聊的心理情结、自卑感将自己的扁桃核变成“不愉快”的话，会为自己带来幸运或机遇的“鸿运女”是绝对不会靠近你的。

因此，先向成功的人学习是很重要的。

很有女人缘的男人，不会厌倦为了受欢迎而做的努力。

没有女人缘的男人，会对不努力就有好运的邂逅感到期待。

受欢迎的男性绝对是勤奋的——不断询问邂逅的女性的电话号码、不厌其烦地打电话、发电子邮件，即使没事也会去接近她，确实地在对方的记忆资料中加深印象。但最需要注意的，就是不要给人像跟踪狂般“不愉快”的印象。努力让对方觉得舒服是必要的。带她去吃美食、送她礼物、不断表示“我喜欢你”、“我爱你”，还有不断赞美她，连缺点也赞美的话，人自然而然就会愉快起来。

此外，还有一个更让女性扁桃核愉快的东西，那就是体贴。男人女人都对能治愈分离不安感的东西无法抵抗。被坏男人欺骗时，也一定是被他的体贴给欺骗了。夫妻也是一样，若想要维持好几十年的良好关系，男人就必须成为大骗子。

美国的某研究者表示，恋爱情绪只会维持三年，恋爱的人PEA（一种脑内啡）荷尔蒙的分泌量会增加。可是，由反射脑的脑下垂体所分泌的PEA量，在结婚第三年就会突然减少。这位研究者从这个事实提出了“恋爱三年就会结束”的说法，引起了一阵轰动。

姑且不论有关PEA的说法是否正确，但以世上的情侣来看，不管再怎样浓烈的爱情，的确在三到五年后就会出现障碍。这表示两人的扁桃核从一开始的“愉快”，渐渐转变成“不愉快”。即使每天在一起也会吵架。一开始看不到、没有看到的缺点也会渐渐浮出台面。这种资料渐渐累积，扁桃核的反应就会逐渐有了变化。

我和妻子之间也不例外。有一次，我突然察觉到自己和以前不同，在工作结束后，我并不想直接回家，反而绕去喝个小酒。以前我是飞也似的冲回家去。我开始试着思考原因，发现自己好像回家看到妻子的脸，已经不像从前那么愉快了。

这时我心想，妻子大概也一样吧。能这样马上替对方着想，并非是我很有人性，而是充分理解到幸运本质的缘故。既然察觉到妻子看到我，也一定不再是那么“愉快”了，于是那天我鼓起勇气，买了结婚以来的第一束玫瑰回家。之后有一阵子，我每天都会买花，花店店员甚至同情我似的一直多送玫瑰给我。

据说，女性的右脑比男性还要优越，在视觉上的掌握能力也是右脑较强。因此通过送热情的红色玫瑰，我将爱情持续输入妻子的“超级电脑”里，成功地将她的扁桃核再度转变为“愉快”的。

只要持续说谎，有一天就会成真。

我有一些绝对要瞒着妻子的原则，就是我们的超级电脑里，组装着不管它是否在说谎，都会遵循所输入的想象，并且去实现该想象的程式。

也就是说，谎言也是一种想象训练。打高尔夫球的人都会想象最棒的挥杆。奥运选手为了消除不安或迷惑，会想象登上领奖台的自己。这些全都是谎言。也就是利用谎言的力量、激发出潜能。说了一次的谎是谎言，但说了一百次的谎就会成真。

如果对方或自己都不想撒这种谎的话，我觉得最好分手。用“不愉快”的扁桃核来生活，绝对不会有好结果。

若不治愈分离不安感，来自不安或恐惧的压力会渐渐囤积。“不要去……吧”的自我防卫本能会加强，和它相比，挑战精神则变得贫乏，精力或意愿都会渐渐不再出现。因为变得不再相信自己，一点芝麻小事就会觉得筋疲力尽。

观察年幼的孩子，就能充分了解了。孩子如果相信双亲的爱，他们的行动半径会变得宽广，没有分离不安感，因为有心理的支柱，所以有自信、积极性、冒险心，能渐渐去拓展自己的世界。孩子如果无法确信双亲的爱，他们会因为分离不安感，而一直黏住母亲不放。

所以养儿育女，应该要培养出拥有扁桃核变得“愉快”的孩子，也就是幸运的孩子。

带来幸运的养育子女的基础

拼命用功而考了九十分，和几乎没怎么念书、光凭直觉就考到七十分，这两者你会偏好哪一个呢?

我选择后者。因为完全没有念书，即使考零分也不足为奇，结果竟然拿了七十分，这样的投资回报率是很高的。

然而更重要的是，对当事者来说，这个七十分是“加七十分”。拼命用功所拿到的九十分，往往不是真正的九十分，而是“负十分”。

一个人之所以会认真念书，应该是想尽量拿到满分吧。比起拿到的九十分，没拿到的十分更引人注意。人的心是以“扣分法”来思考事情的。“这次也失败了”、“办不到”这种资料不断地累积，最后就变成拥有“失败大脑”的成人了。

幸运的人拿到了七十分，就觉得可喜可贺。（加分法）

不幸的人即使拿了九十分，也会因拿不到的十分而闷闷不乐。（扣分法）

不过，并不是说“拿七十分就够了”或“最好不要念书”。书还是必须念才对。但和工作一样，不幸的人即使辛苦念书，还是不会有什么好结果。

一开始是讨厌念书。讨厌的学习会更令人讨厌。生活中不再有喜悦，压力不断累积，越积越多。压力囤积过多的话，心灵就会失去平衡，引发渐渐无法驾驭自己情绪的现象。

“请不要教导出努力念书的小孩。”

在对养育子女的双亲演讲时，我一定会这么说。

“请塑造出想要去念书的孩子。”

可是，大多数人都觉得那是不可能的。

因为父母在学生时代，也都觉得读书很辛苦、枯燥、麻烦，是一路忍耐过来的。现在仍是一边觉得工作痛苦、辛苦，一边工作着。

在美国，认为“工作很辛苦”的人，很明显地被视为败将。实际上，他在社会上也是属于输的一方。可是在日本，即使在社会上拥有崇高地位，很多人还是认为“工作很痛苦”、“工作是很辛苦的”、“努力工作是艰辛的”。

那是因为日本人一直都没有为自己工作，不是为了拥有自己的目标、并去实现它而工作，而是为了达成公司或组织给予的目标而工作。这样的报偿就是保证终身雇用以及依年资升职等，依靠这样的社会结构，扁桃核才好不容易呈现出“愉快”。

可是通过企业裁员，我们彻底了解了这种日本式的制度早已逐渐在瓦解。现在已经是每个人如果不为了实现个人目标而工作，就再也找不到生存价值或人生意义的时代了。

“我要跟你们说的只有一件事，就是要拥有目标。通过拥有目标，你们多数期望的事情都应该会实现。”

这是进入大联盟的职棒选手铃木一朗，在美国的小孩面前所说的话。我在新闻报导上听到那个声音，吓了一跳。我对于他面对美国小孩说出这种话，感到不小的冲击。

目标意识会决定人生。

如果不自觉地让时间流逝，回过神来，人生已经是固定的了。

养育子女最重要的一点，就是培养出拥有目标的孩子，而不是成绩优秀的孩子。要培养出拥有梦想、能抱持愿望的人。只要确实地具备人生目标，学会做挑战性的思考，不管是任何努力或忍耐，我们都能欣然接受。

目标、梦想——是养育子女最大的重点。

但要如何拥有梦想？要用怎样的魔法，才能拥有伟大的梦想呢？我就利用这一章剩下的页数来描述这件事吧。

培养出天才的三个重点

在进入大脑训练的指导时，我一定会请大家回答以下的问题：

1.你是否拥有人生的一大梦想（目标）？

2.你认为那个梦想一定会实现吗？

3.你经常想起那个梦想吗？

4.若那个梦想实现了，除了自己，是否还有其他人会得到幸福?

5.你经常思考要怎么做才能实现梦想吗?

6.为了实现梦想，你是否展开过什么行动呢?

7.你是否会去否定那个梦想?

对于所有问题都回答“是”的人，是有着与众不同大脑的人。指导这种人是非常轻松的。只要教导他具体的方法，就会进步神速。可是大多数的人，连一个“是”都答不出来。

问题中最重要的就是1和2。如果无法拥有梦想（目标）且相信它会实现的话，剩下的问题就会全部变成“没有”了。在成人当中，对这两题毫不犹豫就回答YES、拥有与众不同大脑的人是少之又少。可是小孩子、甚至是低年级学生，立刻回答“是”的人有很多。因为相对于成人的大脑既理性又无趣，孩子因为与众不同的大脑，才活得精彩生动。

如果小孩明明还没有打出什么好球，却能正经八百地说：“我想成为像一朗那样的职棒选手。”然后觉得那是理所当然的，我深信他的梦想一定会达成。取笑它、不去把它认真当一回事的大人，会把天才的大脑改造成凡人的大脑。那是绝对无法变成“一朗父亲”的父母。当然，铃木一朗原本也是那样的孩子。

所有的孩子都是天才。其理由是没有失败的经历。人活在这世上的时间极为短暂，被父母亲所保护，因此，失败的记忆资料几乎没有被输入超级电脑里。对他们来说，“想成为的人”就是“能成为的人”，“想做的事”直接就是“能做的事”。可以说没有害怕的东西，也可以进行天才式的正面思考。

可是上了小学之后，“失败了”、“没做到”的资料便一点一滴累积。回顾过去的人生，所拥有的“失败了”、“没做到”的资料，是“成功了”的资料的数十倍或百倍之多，而这也是很普遍的。

结果，“想变成的人”就等于“无法变成的人”，“想做的事”就是“做不到的事”，这种合乎常理的大脑便渐渐顺利成形。

99%的人就像这样，在“做不到”的错觉中生存，渐渐不再持有突破自己创造出的“可能性结构”这种人生梦想或目标。即使能描绘出四千万日元的房子，但十亿日元的豪宅却怎么都无法去想象。

不要抱持买四千万日元的房子这种小小的梦想。若能想象十亿日元的房子，拥有四千万日元房子的梦想就能轻松实现了。

世上只有1%的人能持续梦想。他们持续相信着自己的可能性。到底来自怎样的不同状况，才能形成这种与众不同的大脑呢？可以想得到的原因只有两个——

一个是“失败了”、“没做到”的记忆资料几乎没有被输入身为超级电脑的大脑里。在过去的人生中，要做的事全都做到了……当然，就算是超级天才也不可能。

第二个，就是再怎样大量输入“失败了”、“没做到”的记忆资料，扁桃核也能平心静气呈现“愉快”的特殊体质。这个特殊体质就叫作“心理韧性”。即使面对两千次的失败也能处之泰然，欣然地持续挑战，是极为强韧、无忧无虑的人。

天才所拥有的这种体质，可以在所有家庭中塑造出来。

那么，塑造出天才的家庭教育究竟是什么呢？其重点就是以下三项——

☆**梦想教育：一起诉说梦想。**

☆**加分法：彻底地赞美。**

☆**爱：要接受绝对性的爱。**

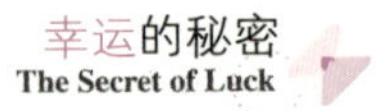

养育子女与企业管理的共通点

要怎样才能让你的部属有冲劲呢？——当我以讲师身份参加干部座谈会时，某公司一位管理十几人的业务分店长F先生，问了我这样的问题。他说因为业绩很差，想要进行职场的意识改革，让业绩能有起色。

我看着拥有像柔道选手般健壮体格的F先生，询问他：“你没有把写着毅力或忍耐的纸装饰在墙上吧？”但果真如我所担忧的，大大写着“毅力！！”的纸张，就贴在挂钟的旁边。

并不是说强调毅力不好。可是以由上而下的方式来强制“毅力”，用激励的方式让员工有冲劲，已经是落伍的方法。即使在电视上，也不流行所谓的运动精神了。虽然在经济成长期，由上而下的管理方式能发挥作用，但在业务的专业化时代，早已不适用了。

我给F先生的方法，便是“赞美”。这是自古以来就有的一种手法，但实践它的干部几乎没有。

不去指正缺点，相反要不断地去赞美。就算没有可赞美之处，连缺点也得拿出来赞美，总之就是赞美到底。“若本人对它有自信的话，缺点也会变成优点”，便是幸运的大原则。另外，就是要不断地期待。因为“周遭人的期待能改变一个人”，也是幸运的大原则之一。

被赞美、被期待→会努力按照期望去做。

被责备、不被期待→会努力按照期望去做。

人最无法信任的是什么？那就是自己。自己最不值得信任。所以当教主对你说“你会有恶报”、“有恶灵附身”、“可是在这儿努力布施，就能成为拯救人们灵魂的人”，你就会不知不觉有那种想法。可见人类的思考和心理是非常容易受人影响的。

当社长对你说：“公司不能没有你”、“我对你期望很大”时，你就会真的那样认为，即使牺牲性命，也会对公司尽忠职守，这是初步的心理控制。

大脑这个电脑的结构，比起自己对自己所抱持的想象，会更想去实现他人对自己所抱持的想象。“不要在意会打扰到别人”

这种话是骗人的，别人怎么看你是很重要的。

在悉尼奥运中，将高桥尚子指引向女子马拉松优胜宝座的小出义雄教练，会向选手传达他的期待，更具有赞美到底的才能。像是某种宗教团体不断洗脑般地重复“要拿到第一名！要成为世界第一！绝对可以的！”已经是赞美到不像话的地步了。

高桥选手的扁桃核已经完全变得很愉悦，并开始产生自己可以成为世界第一马拉松选手的错觉。那样一来，因为已是在心理无压力状态，因此会极为兴奋，即使听到“放弃吧”，也会开心地努力下去。

“要是那样做，部属会不会得意忘形，会因尝到甜头而就此自我满足呢？”F先生经常在担心这一点。

我二十几岁时所任职的公司里，大力提拔我的老社长，经常给我“你太过得意忘形了”的忠告。以我来说，和欧美人相比，老实的日本人若稍微得意忘形一下，其实刚刚好。被上司赞美、真的沉溺于赞美声中的，是目标意识不足够的人。

我认为对部属的培养与养育子女的技巧，基本上是相同的。

好的干部不是有工作能力的员工，而是把焦点放在培养幸运的员工上。无论如何都不可以想去培养优秀的人才。比起会念书的乖小孩，双亲更要去培养出幸运的孩子。工作能力、业绩、成绩这些东西，只要拥有幸运就会有所进步。

那么，要如何培养出幸运的人呢？很简单，首先就是要让他拥有梦想或愿望。而要实现这个梦想或愿望，就要通过彻底的赞美，并且期待，让他的扁桃核变得“愉快”。

可是日本人并不习惯赞美，不知道是否受到中国儒教传统的影响，日本人不大去察觉他人的优点，即使察觉了也不赞美，绝对不去赞美；即使想赞美，也会觉得难为情，因而做不到。

因此我向F先生提出“毕马龙会议”（Pygmalion）的建议。

所谓“毕马龙会议”，就是彻底持续赞美对方的聚会。事先决定好用几分钟的时间，大家再以团团围绕的方式来彻底赞美一个人。这样一来，就会注意到他人的优点，也会察觉到自己的优点，赞美就变得轻松简单了。被赞美的人扁桃核会呈现“愉快”，进而成为大家所期待的业务员。

一般家庭也可以来挑战这个“毕马龙会议”。小孩长大后会比较困难，但年纪还小时，就会非常高兴地参加，应该会连续说出连大人都无法想到的动听赞美。而不久后大家会察觉——父母会变成子女口中的那个人。

成功不可欠缺爱的信赖关系

悉尼奥运上，在我记忆中留下最鲜明印象的，便是女子马拉松选手高桥尚子。尤其跑完42.195公里，夺得先锋后，她一边挥手回应看台上喝彩的观众，一边拼命寻找小出教练的身影，我永远也忘不了。

长年来，我一直在指导运动选手的心理训练，因此了解到不少教练与选手的关系。像小出教练与高桥选手这样，教练与选手以绝对的信赖关系结合的案例，其实经常看到，像这样的选手或队伍绝对会变得更强，会不断刷新纪录而大为活跃。

会有人把我的成功看做是自己的事一样替我高兴。

不敢想象会有人把我的成功当作自己的事一样替我高兴。

孩子们逞凶斗狠的事件经常发生，在看过对进入少年感化院的人所进行的心理测验结果后，我发现问题孩子有一个共同的特征，便是较低的自我评价。

“反正我就是不行”的想法，好像和成绩的好坏没有直接关系。据说这么想是因为完全找不到自我的存在意义或存在价值。

当一个人被他人认同的时候，他就会感觉到自己的存在意义或价值。没有人会只将“我”的成功当作自己的事而高兴、将“我”的失败当作自己的事而悲伤。一旦人有那样的感觉，就会丧失自己的存在意义。

对孩子来说，认同自己的第一位“他人”——就是母亲。

不可思议的“心理韧性之爱”

人的爱分两种。

其一是凡事都会无条件去爱，即绝对的爱。

例如，《五体不满足》的作者刚出生时，第一次见到五体中只有一体的宝宝，从母亲口中说出的竟是“好可爱”这句话。我认为这个作者的幸运，就决定在那个瞬间。大脑在确信了对自己无条件的爱后，会呈现完整的正面思考，任何不可能都会变成可能。

所以，天才只有1%。世间一般的父母亲在看见初生儿没有手脚时，不会说出“好可爱”。

其二是有条件的爱、伴随着评价的爱。四肢健全、长相可爱、聪明、会听父母话的“乖小孩”、会念书……爱依附着许多条件。当然大多数的双亲会以绝对的爱来疼爱子女，但一旦沟通不足、释放出错误的讯息时，爱就不会传达给子女。

终于理解那份爱，是在父母亲去世的时候，“子欲养而亲不待”这句话说得很好。不过，说是已经无法挽回，其实是可以挽回的。以运动选手为例子，在父母亲去世后的比赛中大为活跃、刷下全新纪录的案例有不少。因为父母的离开，才了解那份爱的深远，并重新察觉到自己对父母的爱，在情绪大脑中引起大革命，自然而然就变成心理无压力的状态了。

为了爱自己的人，就会成功。

我之所以非常喜欢人类，是因为人不但会为了自己，更会为了所爱的人而努力。即使为了自己无法变得坚强，也会为了他人而变得坚强。“心理韧性”的关键就在这里。

Part 6

现在幸运一定会降临到你身上！

简单改造自己的幸运大原则

一个组织中的五种人

2：6：2——这是将一个组织内的人，根据其能力区分的比率。第一个2，是发挥突出的能力、引导整个组织的团体，也就是组织内的“赢方”。6是完成自己的任务、并会跟随领导者的中间型团体。最后的2，是完全没有发挥能力、像是组织“负担”的人。

据说很不可思议的是，不管是公司、学校，还是地区活动、兴趣、志工团体，若从能力这个观点来将人才分类，任何组织都会是2：6：2的结构。

有趣的是，在其他动物身上也可以看到同样的倾向。例如已经成为勤劳代名词的工蚁，其中有两成是认真工作的工蚁，其他的工蚁则一面工作一面仰望天空偷懒。不管在什么世界，都有积极面对人生的人，以及心不甘情不愿、消极生活的人。

若将2：6：2的结构再稍微细分，可区分成：1.变革环境型（5%）；2.改善环境型（10%）；3.顺应环境型（35%）；4.逃避环境型（45%）；5.破坏环境型（5%）这五种类型。将自己套用在这个分类上，不论头衔或是年龄，都可以察觉到自己在组织内的真正位置。

→变革环境型（5%）

有些人即使被放在一般人会绝望、极为困难的环境下，也一点都不会受影响，仍维持惊人的能力，动力丝毫不会降低。不仅如此，越有障碍，反而越有冲劲，以彻底的正面思考持续挑战到成功为止，最后便将环境或状况改变成自己的理想。

本田宗一郎说过：“我只要一出赛就绝对不会输，因为我会一直做到胜利为止。”这个类型在任何领域中都是成功者。

→改善环境型（10%）

和变革型一样，是组织内的“赢家”。

他们拥有强烈的正面思考，会以旺盛的挑战精神迈向目标。一般来说，这类人会维持高度的动力，但面临困难的局面时，就会变得软弱，有时动力也会降低。永远都停滞在第二名的理由就在这里。

如果振作的速度很快，就会克服障碍、烦恼、沮丧，再度恢复高度动力。

→顺应环境型（35%）

这类人挑战精神、行动力较低，不会主动面对。容易被环境、状况、周遭的人所影响，行动力会随之改变。昨天原本是充满干劲的，但今天就完全失去了斗志。也就是没有主体性，没有抱持着生存价值。他们会想说“这样也可以”、“没办法”，而向现状妥协。若在状况好的时候，这样也可以。可是当情况恶化时，就会越来越糟。

→逃避环境型（45%）

和顺应型一样，是属于组织内的“输家”。他们无法抱持着成功的愿望，没有目标意识。想拥有时，失败、恐惧就会在无意识中发挥作用，然后认为“反正自己一定办不到”、“应该不可能”、“不用勉强”。当然，也无法变得主动且积极。可是由于自我防卫本能比他人强一倍，所以最喜欢的就是把牢骚、不满及道人长短这种行为正当化。

能让这个类型有所变化的就是压力规范、上司的责备、最后期限、破产的危机等，若接受来自外界的强大压力，那个期间动力就会勉勉强强提升；可是若独自一人，是无法提升以及维持的。

→破坏环境型（5%）

这类人会以“环境不好、周遭的人很坏”来转嫁责任。习惯扯别人后腿、乐于见到他人失败，这会让他释放压力。当然，他也不太受周围人的欢迎，完全听不进别人的忠告或建议，若听之任之，他就会搅乱组织的协调性，甚至破坏环境。

以上的五种类型，一定都存在于组织当中。不管愿不愿意，人还是会被分类。

突破心房的必要事项

若是在以前，能力开发专家应该会建议：改善型要以变革型为目标，顺应型及逃避型还是要以变革型为目标。任何人只要有意愿，就能成为变革型，所以意识改革是必要的。

意识改革这是听起来很舒服的一句话。“意识改革、意识改革”这句话，政府会说，政治家会说，企业的主管会说，劳工工会的主管会说，评论家会说，反对派会说，赞成派会说。大家都说要改革意识，好像只要进行意识改革的话，一切问题都能解决。

可是惊人的能力开发并不会说这种蠢话，而且根本说不出口。因为我可以笃定地说，组织内作为“输家”的顺应型及逃避型、破坏型，即使再怎样进行意识改革，也无法成为“赢家”。

光靠改革意识无法改变人类吗？在致力于潜能开发的前八年，我已经完全察觉到了。

据说大脑这个超级电脑的作用，整体有90%-95%都被潜在意识所占据。相对于仅仅5%-10%的意识，潜在意识具备着巨大的影响力和强大的支配力。这个潜在意识的真面目，便是过去庞大的记忆资料。对照潜在意识所储存的资料，超级电脑会分析、判断，从内在来控制我们的思考或情绪，以及所有的行动。

即使再怎么想成为“赢家”，潜在意识也会表示“不行”。

所以再怎么做意识改革，也几乎不可能，反而有可能会成为“输家”。

即使抱持着“想变成有钱人”的愿望，但过去成功经验太少、失败经验太多的话，就会因“不可能”、“别傻了”的潜在意识而被拒绝。对于自己能成为有钱人这一点，并没有真心那样去想。

完全没有被爱过的人，再怎样渴望爱，也会渐渐无法想象会被人爱。会渐渐无法想象自己是一个值得被爱的人。同样地，他们也不会认为自己是值得成为“赢家”的人，是值得成为有钱人的人……

也就是说，人的心中都是有障碍的。由于过去的记忆资料所创造出的“心理障碍”仍存在脑中，因此会认为“办不到”，在无意识中就会抱持着“办不到”的想象，不安或恐惧涌现，受到“心理障碍”干扰，自己无法成为真正想成为的人。

而所谓的潜能开发，就是要去突破这个“障碍”。

我认为“输家”绝对无法成为“赢家”。可是也有例外，顺应型或逃避型的人，突然变身成变革型、改善型的人。目标意识和动力，很明显地和以前不一样。我试着调查他到底去过什么座谈会、接受了怎样的正面思考秘密特训，但结果并非如此。

结果是见到新朋友或新伙伴，和留意自己的上司、照顾自己的客户互动，接触新领域的工作，或是结婚、生小孩、双亲去世等，都可能成为转变契机。

突破“心理障碍”所必需的，便是幸运与机遇。只有幸运与机遇才能让心理障碍化解；因此要从与人相见、接触事物等这些自己以外的地方，获得伟大的力量。

没有梦想的平凡人

“没有梦想”、“找不到目标”、“无法持续目标”……

最近我常听到这些话，在研修或演讲会上，或是私人的咨询场合中。听到这些事是在泡沫经济瓦解之后，尤其是在日本产业社会结构变化显著的这几年。虽然其中以年轻人居多，但是处在中坚位置的三十到四十几岁的人，也不在少数。

不到四十五岁的证券营业员G先生就说：“我对工作没有热情。”

“其实我认为自己是属于有挑战精神的人。从学生时代起就怀抱着梦想，也很积极地投入工作，成绩也相当不错。可是猛然间我却察觉，怀抱多年的梦想和目标都在不知不觉间消失了。”

他的表情很严肃，从学生时代起拥有的梦想，竟在不知不觉间消失。但一想到社会变化的速度，也就见怪不怪了。在变化这么激烈的时代中，如果十年、二十年都持续着一样的梦想，那反而让人奇怪。

于是我这么说：

“不只是你，这世上有九成以上的人根本就没有梦想，大家都是在无梦想的状态下生活，所以有梦想的人才是赢家。”

“可是，我每个同事都确实拥有人生目标。”

“不，不对。日本人现在才刚寻找出自己的梦想。因为过去白白给予我们人生梦想或目标的公司，已经渐渐不再白白提供梦想或目标了。如果你是在证券业界，应该会最先接受洗礼吧。只能自己寻找梦想、目标，尽早察觉到具备专业毅力的人，你的人生才会有所不同。”

就如G先生所说，在人生中拥有目标，用心度过每一天的人，真的是寥寥可数。绝大多数的人，都是在没有梦想及目标的状态下生活，这是100%毋庸置疑、我可以拍胸脯保证的事实。

人会没有梦想，是因为没有去执行“拥有梦想的幸运大原则”，在不知不觉间，实践了“消灭梦想的不幸大原则”的缘故。

拥有梦想的幸运大原则

拥有梦想，是专业的业务员所必备的，和一流运动选手一样——就是目标意识及动力，也可以说是把人导向一流的动力，如果失去它，连一天顶尖运动家都当不了。

拥有梦想，努力去实现梦想的人即使没有实现梦想，和完全没有梦想、目标的人相比，仍有天壤之别，他们依然会拥有一个美好的人生。

可是大多数人想要拥有梦想、想持续梦想，却反而会失去梦想。因为人类的大脑就是这种构造。

只想到自己的事，就无法拥有梦想。

若想要拥有美好的梦想（目标），就不应该只想到自己的事情。

☆**一想到恋人的事，就会有两个人的梦想。**

☆**一想到为了另一半好，就会有夫妻的梦想。**

☆**一想到父母的事，就会有让双亲幸福的梦想。**

☆**一想到为了家人，就会有为家人着想的梦想。**

☆**一想到为了客户，就会有让客户高兴的梦想。**

☆**一想到为了团队，就会有团队目标这个梦想。**

☆**一想到为了国家，就会有让国家更好的梦想。**

☆**一想到为了地球，就会有让地球更好的梦想。**

在彼次相爱的恋人之间，即使小、也会有将来的梦想萌芽，那是因为有为对方着想的爱。爱能让扁桃核变得“愉快”，让大脑去想象肯定的未来。

可是当恋情冷却，自我中心的想法或感受方式苏醒之后，就渐渐不再为对方着想，梦想也会随之萎缩，未来跟着消失。人之所以因失恋的痛苦而自杀，是因为不再有爱慕的对象，未来突然被夺走的关系。

为什么一个人无法拥有梦想呢？因为人不是用理性脑（大脑新皮质），而是用情绪脑（大脑边缘系统）在做梦的。当情绪脑中有爱、扁桃核变得“愉快”时，就可以想象令人兴奋的快乐未来。

可是若独自一人的话，“害怕分离”这种人类共通的心灵创伤，就会渐渐浮出。扁桃核转变成“不愉快”，会呈现自我防卫状态，因此就会出现负面思考、负面想象、负面情绪，梦想也跟着消失。所以负面情绪的梦想、负面想象的目标等，原本就是矛盾的，和“不甜的砂糖”或“不热的洗澡水”一样都是矛盾的，是根本就不存在的东西。

拥有梦想的秘诀，就是去为自己以外的人的幸福着想。

“说什么爱呀心呀的，生意人没有这么好说话的。”应该会有人这么想吧。

如果有人这么想，他一定错估了消费社会中商业的本质，是在软件时代下判断出错的不幸的人。

例如，早一步掌握消费社会到来且成功的SONY的井深大就断言：“五年后的商品，有六成是现在社会上所没有的东西。”因为是最幸运的人所预言的，当然会命中。时代果真就是那样在运作着。可是，要如何想象“现在社会上所没有的商品”是如何制造、又如何贩卖的呢?

在现今，商业的核心是爱与心。“以客户至上”的关怀、“以国家至上”的关怀、“以地球至上”的关怀，与人们的消费动向是如何的息息相关，我想我也不需多做说明了。这和只要制造商品，即使没有机遇、没有梦想也能畅销的高度经济社会时代不一样；不能真心希望人类幸福，就无法开发出掌握消费者心理的商品。没有梦想就卖不出去，没有爱也卖不出去，没有心更是绝对卖不出去。

这是在国际上很知名的故事：当SONY创业时，战争刚结束，正是人们为确保生活而拼命努力的时候，井深大等人便将“能为人们带来幸福的东西、让人们的生活变得丰富的东西呈现于世”当作社训，当作公司经营的理念。

在感叹自己不幸之前，应该再试着思考一次，自己是否拥有梦想（目标）？在没有梦想的地方，不可能有幸运存在。没有梦想也没有目标，却依然期待会有什么好事会降临在自己身上，比如像捡到钱包这种事，就不会注意到身边重要的人。

除了自己以外，还想让谁开心？你一定会在那里找到梦想。

天才的异常动力

向梦想这个目标一步步靠近，靠的就是动力。

动力一词在心理学上被解释为“制造动机”，一般来说，译为“冲劲”、“意愿”会比较浅显易懂。动力就是支配达成目标的行动、以及维持成功之前的行动的心理能量。

有一则故事能够清楚明了地说明动力是什么——那就是在本田宗一郎身边从事汽车设计的某技术人员的引述。

由于本田指示要变更设计图，因此他必须出发前往新泻县的某个工厂。可是新泻下大雪，车子及飞机都无法使用。就在这个时候，本田过来询问设计图是否已完成。“对不起，马上就好。”他这样回答，身旁的同事立刻出面解围：“由于火车和汽车都无法通行，没办法到新泻去。”于是，本田扬起了眼角，“笨蛋！为什么不租飞机，用降落伞下去呢？”

“大家一瞬间都被吓得说不出话来。他的表情认真而严肃，我才明白他绝不是在开玩笑。”

这就是天才的动力。设定目标之后，无论如何都要想着去实现它，拥有这样惊人的动力，不可能会不幸。

可是具备这样高度动力的日本人并不多。和追求物质繁荣与成功的美国相比，日本的变革型人才非常少。我认为如果美国有5%的话，日本可能只有1%而已。

提高动力的斗争本能

察觉到日本人的动力极低这个重大事实的人，应该都是幸运的。因为只要稍微提高一点动力，就可以发现“他是有冲劲的”、“他是有意愿的”。

“基本上只要能维持三个月的动力，你也能成为天才。”

这是我的论调。

根据我们所进行的心理检视结果，一般性动力的持续期间最长也只有三个月。在三个月之间，意愿、冲劲、热情、目标已经完全改变。仅仅三个月，大脑就会习惯环境、顺应环境，认为“自己反正就是这样”。

另一方面，无论如何都想去实现愿望或梦想的天才型大脑，就无法去顺应环境，而会继续挑战。我记得爱迪生说过“天才是99%的努力加1%的灵感”，但我认为不是努力，也不是灵感；说过“为什么不租飞机，用降落伞下去呢”的那个高度动力才是天才。

依据我的分析，凡人与天才之间动力的根本不同就在于“本能”，在于是要维持自我防卫本能来顺应环境，还是要通过斗争本能来彻底挑战。

理性脑的大部分，是为了自我防卫本能。在大脑这个超级电脑的所有系统当中，理性脑的工作，就是不断地验证眼前的世界有多么危险、多么可怕、多么困难以及无趣。

所以理性脑占优势的时候，扁桃核大多是“不愉快”的。被妻子责备、拼命地思考借口时……基本上就是：无法兴奋，不会期待，会变成由于害怕分离而痛苦万分、懦弱到令人同情，以及自我防卫性的“失败”大脑。

我们的过去是失败的连续，在记忆装置中，只储存着“失败了”的资料。只要直接接收理性脑的分析，就不得不变成“不要去……”的自我防卫姿态了。

那么，要怎样才能像天才们一样提高动力呢?

那就是刺激情绪脑、提高战斗心。

一流的能量VS超一流的能量

和战斗心最紧密相关的就是情绪脑（大脑边缘系统）。在很久很久以前，我们的祖先从鱼类进化到爬虫类，将生活的场所从大海移至陆地。说到这当中有了什么改变，就是和海里相比，运动变得格外自由。和食与性息息相关的斗争激烈上演，变得更严重，情绪脑也因此大大发达了起来。

在人类所拥有的各种情绪中，和斗争心有关联的便是以下五个能量——

→不满、反抗的能量——因为无法顺从，所以失去幸运

对他人或对环境的不满，会导致反抗的斗争心。在这种斗争心的背后，有着自我防卫。就像我不断重复说的，在想要保护自己时，人类的扁桃核会变得“不愉快”，一定会丧失幸运。

在专业运动的世界里，因为无法巧妙控制反抗教练或大头

们的能量，从而渐渐一蹶不振的选手，并不在少数。公司也是一样，若对公司的方针或上司有所不满，原本应该朝向目标的斗争心，就会渐渐转移到反抗的对象上，能力便会一下子降低许多。

幸运绝对是需要顺从的。在关键时刻要谦虚地倾听他人的话，舍弃自己，试着顺从他人，这是绝对必要的。被反抗能量给控制的人，无法对他人或自己顺从，往往容易丧失难得的机会。

→喜欢、擅长的能量——坚强度不足，无法达成重大的事

毫无例外地，职业棒球选手都喜欢棒球；J 联盟的选手都非常喜欢足球。运动的世界，不会严苛到即使讨厌也能成为职业选手。可是，它也不是单纯到只要喜欢就能成为职业选手。专业的业务员、专业的经营者、专业的艺术家都能套用。

如果具备了“喜欢（擅长）的能量”，情绪脑就会变得“愉快”，因此可以兴奋愉快地挑战。努力就不再变得痛苦，也不会感到压力，对于朝向目标的斗争心来说，它绝对是必要的能量。

可是光有这个能量，是无法达成重大目标的，因为我们会很容易满足于现在的快乐；要向重大的目标挑战，往前迈进的能量是必

要的。

→愿望的能量——容易被负面情绪控制

“想变成这样”、“想变成那样”的愿望，能产生出朝向未来的能量。以未来为目标的这类型的斗争心，能强烈地提高动力。迫切想要实现自我，可以制造出强烈的动机。在美国的成功哲学中，有一种说法叫：“只要愿望强烈，一切都会实现。”

我们必须要察觉到妨碍这种愿望实现的东西是存在于人们心中的，那就是预感、预知。即便抱持着多么强烈的愿望，优秀的超级电脑也是不会错的。每一件事都会基于过去的记忆资料，去预感失败。这么一来，就会渐渐无法维持斗争心了。大多数的愿望，都是来自于“想要让自己满足”的自我要求，可是只对自己的未来抱有期望的人，是无法掌握他人所带来的幸运或机会的。

→懊悔的能量——跌入谷底的人是强者

“畜生！”“可恶！”将悔恨持续转化为斗争心，就不会感到疲乏，这就是拳击运动中所说的饥渴精神。“不想服输”的坚持、“怎么能放弃”的不甘心、“我要成功给你看”的自尊心

——当它们变成斗争性的能量时，就会将动力极致地强化。曾经跌入谷底的人被认为是强者，理由正在于此。

→感谢的能量——最强的“幸运”能量

第五个则是“感谢”的能量。从它排在最后一项就可得知，它是最强的心理能量。可是在世人的理解层面，感谢与斗争心是完全相反的东西，为什么感谢会提高斗争心、强化动力呢?

在本书一开头描述过成功者的共通点，其实还有一件事，是适用于任何成功者身上的。当愿望被达成、自我要求被满足之后，人就会开始思考：“为什么自己可以成功呢？”

不指望有更大成功的人，把成功归因于“因为自己很努力”、“想要赞美自己”后，就不再进展了。然而，越是拥有大成功的人，越会察觉到“成功不是靠自己一个人的力量”，“是因为托很多人的福才得以成功”。

仅把成功看成“很好的事”，一定都是不幸的人吧。在他们看来，除了自己以外，没有其他人为自己带来幸运或机遇的经验。可是成功者都是幸运的人，他们多半会想，也多亏了自己以外的人带来幸运或机遇，没有幸运的体验，自己绝对无法成功。

这时会衍生的便是感谢的情绪。“真是感恩啊!”会那么想的人，已经不是只为了自己而去奋战。在他的心中，产生了“想要回报他”、“为了让他开心”，或是“为了大家”、“为了社会”这种新的斗争心，即使命感。这种使命感便是只有“赢家”的胜利者、强者才具备的最强动力。

由于这个斗争心并非是因事物的好恶、不满、坚持、自我实现等个人动机所导致的能量，因此无论面临怎样的困难，都不会受挫;反而越困难就越有冲劲，最后演变成强烈的信念，发挥出极大的力量。

在运动领域中，奥运的获奖者，或是在专业运动上大为成功的选手，从很早的阶段就具备这种能量的人并不少。一流选手与超一流选手的不同之处，便在于有没有拥有这个能量。

最强能量——自己的神

之前已介绍过“懂得感谢他人的人就是赢家”这个幸运的大原则，也就是超越自我要求，从自己以外的地方得到能量者即为赢家的意思。

相信神的人，就拥有坚强。而事实上，极为活跃的人，一定有神在跟随着他。

例如，高桥尚子有小出义雄教练这位神跟随着，铃木一朗或中山雅史有父亲这个神。没有这种精神支柱去支撑心灵的人，就没办法有超一流的表现。

模仿成功者，就是拥有成功的秘诀。因此，你不妨在这时塑造出自己的神吧！

有心灵支柱的人很坚强。

人类最无法信任的就是自己，信任自己的最好方法，就是相信他人。

对于他人或环境的感谢情绪，能塑造出坚强的自己。

→“心灵支柱”的塑造方式

将过去一直很照顾自己的人、担心自己的人、似乎会为自己的努力或成功喜悦的人都写出来。

“现在支持我的人”、“学生时代支持我的人”、“孩提时代支持我的人”，然后，先向这些人致谢。

接下来，再从这些人当中，选出一个特别会为自己担心的人、会为自己的努力或成功喜悦的人、最珍惜自己的人，将他设定为“心灵的支柱”。

☆**经常感谢他，感谢的情绪能让自己坦然、心灵变得更坚强。**

☆**想让他认同的心理会发挥作用、提高动力。**

☆**只要想起那位心灵的支柱，任何痛苦都能忍耐。**

突破自己去获得成功者的资格

从喝醉酒弄丢钱包的人的不幸，在夜路上捡到钱包的人的幸运这些故事，而开始写这本书，到此已接近尾声了。我想，一路阅读到这里的读者，已经理解了幸运并非只是偶然，它和我们的思考或情绪有着深切的关联，甚至，和我们的生活方式也息息相关。

☆**有带来幸运的想法；有错过幸运的想法。**

☆**有带来幸运的感受方式；有错过幸运的感受方式。**

☆**有带来幸运的生存方式；有错过幸运的生存方式。**

可是，想法或感受方式、生存方式并不容易改变。所以不幸的人永远都会不幸，会拥有越来越不幸的思考模式、感受方式及生存方式，然后渐渐被幸运给遗弃。幸运的人自然而然会幸运到极点，能度过令人兴奋期待且有趣的人生。

话说回来，宗教团体有让人改变人格，使他人变成宗教狂热分子的一种心理控制手法，那个过程则是从“动摇”切入。首先，动摇对方的价值观。一开始就使用说服这个手段的话，对方的理性脑会产生质疑，显示出抗拒反应，这时理性脑也是自我防卫的。因此，与其往理性上发挥作用，不如去动摇一个人过去生存至今的价值观，然后去击溃它，这样反而较容易改变人。

例如飘浮在空中的教主照片，那是颠覆地心引力的惊人现象。除了惊讶，也有些东西会随之动摇。越是相信科学常识、以其价值观生存过来的人，越会觉得自己的生存方式像是错误的一般。飘浮在空中的照片在向你透露着：“还有别的世界存在。”“还有别的生存方式。”“现在的自己可以吗？”

从外在来控制人心的心理控制，当然是不被允许的。可是，“动摇”并非是过去或现在的延长，它是一个新的信念，对于掌握全新未来的人来说，绝对是必要的。我认为对于想实现梦想或愿望的人来说，绝对是不可或缺的。

人都必须突破由过去记忆资料所创造出的“自己”来向前迈进。不瓦解现在的“自己”，梦想（目标）就无法实现。所谓的成功者，不是对现在的自己满足，而是持续在质疑自己的人。

☆**现在的自己可以吗？→这样下去不可以！**

☆**现在的能力可以吗？→这样下去不可以！**

☆**现在的技术可以吗？→这样下去不可以！**

☆**现在的安定可以吗？→这样下去不可以！**

这样下去不可以。那么该怎么办呢？于是超级电脑就开始运作。最后，就来揭晓以下的大原则吧。

只有持续思考“要如何超越现状”的人才会成功。

要如何才能超越现状呢？

答案就是“幸运”。是突破以往的价值观或常识，将新的运气带给我们的幸运。和它相遇、掌握它，然后幸运到不行。我一直在描述那个方法，要不要去执行，就依每个读者而定了。

行动的人与不行动的人相比，当然是行动的人较幸运。只有开始质疑现状的人，才具备成为成功者的资格。你是否能成为那个成功者呢——

那么，你的扁桃核有怎样的预感?

后记

人生是愉快的。

这世上成功的人一定是这样想的。他们并不是因为成功，才感觉到“愉快”；而是在成功之前，就会有“人生是愉快的”错觉，深信它是“愉快的”，这就是“幸运者”的真面目。

有些读者看书时，只看内文，不大看“前言”或“后记”。可是，读到这篇“后记”的人非常幸运，因为可以了解到以下的重要原则——

幸运的人的大脑，认为人生是愉快的。

不幸的人的大脑，认为人生是痛苦的。

不幸的人的大脑认为“人生是痛苦的”，并非因为不幸。他们不是因为永远都无法成功，工作或人际关系不顺利，才开始觉得“人生是痛苦的”；而是因为认为“人生是痛苦的”，才始终无法成功，不论在工作或人际关系上，抑或是在金钱上都不幸，在恋爱及家庭上也都不顺利。

不幸的人一定会这样想——

☆**工作是痛苦的。**

☆**有讨厌的上司是痛苦的。**

☆**扶养家庭是辛苦的。**

☆**存钱是痛苦的。**

☆**媳妇（婆婆）不了解我是痛苦的。**

☆**养儿育女既痛苦又辛苦。**

☆**因为泡沫经济瓦解，所以应该很痛苦。**

☆**因为没钱，所以必须很痛苦。**

☆**生存是痛苦的事。**

人生是痛苦的，且必须要很辛苦，不幸的人的大脑，就是这样被心理控制着，而且还坚信不已。相反地，幸运的人的大脑就会认为：“人生是愉快的。”“人生是应该愉快的。”

☆**工作是愉快的。**

☆**存钱是有趣的。**

☆**生存是愉快的事。**

而且他们经常思考着：“要如何才能更愉快？”他们对快乐的事有所渴望，认为那是理所当然的。例如在家庭中很幸运的人，经常会思考着：“为了让家人开心，来做这个或那个吧。”

反正要度过人生，“愉快”当然比“痛苦”好。可是由于思考着“痛苦”，要“快乐”的想法就不会出现。

依一般的观点来说，人生其实是痛苦的。有失败，也会遭遇挫折；会实际感受到自己的能力不足，也会常在人际关系中受伤害；会觉得被周遭的人冷落，甚至还会有自卑感；也一定会有被无力感打击，甚至一蹶不振的日子。

依常识来思考，人生不应该是痛苦的。但那是“99%的真实”。99%的人只不过是有那样的错觉而已。99%的人认为是痛苦的。不过将扁桃核变得“愉快”、能持续认为“人生是愉快的”1%与众不同的人，就如同我在本书中所述，他们在这世上是存在的，而且任何人都可以成为那样幸运的人。

我想读到这里的读者，他们的大脑应该已经开始兴奋期待，感受到幸运的人一定很多吧。

人生绝对是愉快的。因为通过不断地相遇，我们都可以让自己的人生更好。我也深信，本书对你来说，也是那样的相遇之一。

那么读完这一页，你会合上书本，再度走向人生的竞技场。来，慢慢地进入助跑区吧。在助跑区另一方可见到的横竿，就放置在你所认为“办不到”、“自己的极限”、“这就是我”那个高度的上方一点点。不过，现在的你已经可以跨过。一定可以！

图书在版编目（CIP）数据

幸运的秘密/（日）西田文郎著；林芳儿译. —西安：陕西师范大学出版社，2009.6

ISBN 978-7-5613-4712-6

Ⅰ. 幸… Ⅱ. ①西…②林… Ⅲ. 成功心理学—通俗读物 Ⅳ. B848.4-49

中国版本图书馆CIP数据核字（2009）第086101号

著作权合同登记号：陕版出图字25-2009-065

图书代号：SK9N0597

上架建议：励志·成功心理学

幸运的秘密

作者： 西田文郎　**译者：** 林芳儿

责任编辑： 冷 湖　**特约编辑：** 张应娜 李彩萍

封面设计： Apple　**版式设计：** 利 锐

出版发行： 陕西师范大学出版社（西安市陕西师大120信箱 邮编：710062）

印刷： 北京盛兰兄弟印刷装订有限公司

开本： 880×1230　1/32　**印张：** 7　**字数：** 100千字

版次： 2009年7月第1版　**印次：** 2009年7月第1次印刷

ISBN 978-7-5613-4712-6

定价： 24.80元